마르셀 모스
저작집 서문

마르셀 모스 저작집 서문

발행일   2023년 4월 3일 초판 1쇄

지은이   클로드 레비스트로스

옮긴이   박정호 · 박세진

펴낸이   김일수

펴낸곳   파이돈

출판등록 제349-99-01330호

주 소   03958 서울시 마포구 망원동 419-3 참존1차 501호

전자우편 phaidonbook@gmail.com

전 화   070-8983-7652

팩 스   0504-053-5433

ISBN   979-11-981092-2-4 (93300)

책값은 뒤표지에 있습니다.

이 역서는 2022년 대한민국 교육부와 한국연구재단의 지원을 받아 수행된 연구임
(NRF-2022S1A5C2A02093459)

마르셀 모스
저작집 서문

클로드 레비스트로스 지음

박정호 · 박세진 옮김

Introduction à l'œuvre de Marcel Mauss

Claude Lévi-Strauss

파이돈

마르셀 모스 저작집 서문

I   13

II   35

III   59

해설   사회의 상징적 기원을 찾아서

뒤르켐으로부터 모스에게로 91 | 상징체계와 개인/집단: 모스 사유의 모더
니티 97 | 총체적인 사회적 사실 104 | 관찰자와 관찰 대상 110 | 무의식
또는 상징적 사고 115 | 교환(=커뮤니케이션)과 호혜성 123 | 부유하는
기표 131 | 의문들 136 | 구조주의적 방법과 인류학적 관찰 147

찾아보기   156

이 글은 마르셀 모스의 연구 결과물을 모은 『사회학과 인류학 (*Sociologie et anthropologie*)』의 서문으로 1950년에 출간되었다. 조르주 귀르비치(Georges Gurvitch)의 서언으로 시작되는 해당 저작은 프랑스대학출판부(PUF)의 "카드리지(Quadrige)" 총서 중 하나로 계속 제공되고 있다. 이 서문이 작성된 역사적이고 문맥적인 틀을 존중하기 위해 출판사는 원문에 어떠한 수정도 가하지 않았다.

마르셀 모스의 가르침만큼 난해하면서도 동시에 심대한 영향을 끼친 것은 찾아보기 어렵다. 매우 압축적이어서 때로 불투명해 보이지만 번뜩이는 지성의 섬광 자국들로 가득한 사유, 뜻밖의 경로로 문제의 핵심에 다가서는 바로 그 순간, 마치 길을 잃은 듯 여기저기 더듬으며 조심스레 나아가는 전개 방식 등 오직 모스를 알고 모스의 말에 귀를 기울였던 사람만이 그의 사상이 지닌 풍부함을 온전히 이해할 수 있으며, 그에게 진 빚이 얼마나 되는지 헤아려 볼 수 있다. 이 자리에서 모스가 프랑스 민족학과 사회학에서 맡았던 역할을 길게 논하지는 않겠다. 그것은 다른 곳에서 이미 검토한 바 있다.[1] 모스는 민족지학자뿐 아니라 (모스로부터 영향을 받지 않았다고 말할 수 있는 민족지학자는 없을 것이다) 언어학자, 심

---

1   C. Lévi-Strauss, "La Sociologie française," in *La Sociologie au xx*e* siècle*, Presses Universitaires de France, 1947, vol. 2 (*Twentieth Century Sociology*, New York, 1946, chap. xvii).

리학자, 종교사학자 및 동양학자에게도 영향을 끼쳤기에, 사회과학과 인간과학 분야에서 활동하는 빼어난 프랑스 학자치고 그의 가르침에 어떤 식으로든 빚지지 않은 이가 없다는 사실만 상기해도 충분하다. 하지만 모스의 저작은 너무 흩어져 있어 일반인들이 접근하기에 종종 어려움이 따랐다. 그래도 우연히 그의 저작을 한 번이라도 접하거나 읽고 나면, 그에 따른 지적 반향이 끊이지 않고 일어난다. 래드클리프브라운[2], 말리노프스키[3], 에번스프리처

2 (옮긴이) 앨프리드 레지널드 래드클리프브라운(Alfred Reginald Radcliffe-Brown, 1881~1955)은 영국의 사회인류학자로서 스펜서의 사회유기체론을 비판적으로 수용하는 한편 뒤르켐으로 대표되는 프랑스 사회학파의 이론을 적극적으로 흡수해 사회에 대한 이론적 자연과학으로서의 인류학을 발전시켰다. 또 문화의 통합적 기능에 주목하면서 개별 제도나 관습이 다른 체계와 맺는 연관성에 초점을 맞춘 연구를 수행하였다. 주요 저서로『안다만섬 사람들』,『원시사회의 구조와 기능』등이 있다.

3 (옮긴이) 브로니슬라브 카스퍼 말리노프스키(Bronislaw Kasper Malinowski, 1884~1942)는 영국의 인류학자이자 기능주의 창시자 중의 한 사람으로서 현지조사 방법을 정립했으며, 진화론적 접근 대신 인간 행위 체계에 대한 공시적 분석을 시도했다. 사회제도, 특히 경제를 사회통합체를 구성하는 기본요소로 간주하고 경제제도의 발전을 진화론적 관점이 아닌 문화의 유기적 정합성의 시각에서 재구성함으로써, 경제적 가치와 호혜성과 같은 개념을 혁신적으로 탐구할 수 있는 지적 기반을 제공해주었다. 인류학 분야에서 고전으로 손꼽히는『서태평양의 항해자들』,『미개사회의 범죄와 관습』,『산호섬의 경작지와 주술』등의 저서를 남겼다.

드[4], 퍼스[5], 허스코비츠[6], 로이드 워너[7], 레드필드[8], 클럭혼[9], 엘킨[10],

4   (옮긴이) 에드워드 에번스프리처드(Edward Evan Evans-Pritchard, 1902~1973)
     는 영국의 사회인류학자로서 인간 사회를 도덕적 체계로 보고 상징의 역할에 주목
     해 인류학에 새로운 방향을 제시하였다. 뒤르켐과 모스의 사회학을 영미권에 본격
     적으로 소개하는 작업을 주도하기도 했다. 주요 저서로 『아잔데족의 주술, 신탁, 마
     법』, 『누에르족』 등이 있다.

5   (옮긴이) 레이먼드 윌리엄 퍼스(Raymond William Firth, 1901~2002)는 영국의
     사회인류학자이자 말리노프스키의 제자이다. 기능주의적 입장에서 경제생활을 연
     구함으로써 경제활동이 문화적 요인에 의해 규제된다는 점을 입증하였다. 『뉴질랜
     드 마오리족의 원시 경제』 등의 저서가 있다.

6   (옮긴이) 멜빌 진 허스코비츠(Melville Jean Herskovits, 1895~1963)는 미국의 인
     류학자로서 아프리카의 경제 · 문화와 아메리카 흑인에 대한 조사를 수행해 미국 학
     계에서 아프리카-아메리카 연구를 위한 초석을 놓은 것으로 평가받는다. 『옛 흑인
     신화』, 『아프리카의 경제 전통』 등의 저서가 있다.

7   (옮긴이) 윌리엄 로이드 워너(William Lloyd Warner, 1898~1970)는 미국의 인류
     학자로서 영국에서 유래한 기능주의를 미국문화에 적용해 해석한 것으로 유명하다.
     『미국인의 삶: 꿈과 현실』 등의 저서가 있다.

8   (옮긴이) 로버트 레드필드(Robert Redfield, 1897~1958)는 미국의 인류학자로서
     멕시코 테포즈틀란에서 수행한 민족지학 연구를 통해 라틴아메리카 민족지학의 토
     대를 구축했다. 『테포즈틀란, 멕시코의 한 마을: 민속 생활 연구』 등의 저서가 있다.

9   (옮긴이) 클라이드 클럭혼(Clyde Kluckhohn, 1905~1960)은 미국의 문화인류학
     자로서 20년에 걸쳐 나바호 인디언 문화를 심층 조사했으며 문화와 인성의 관계를
     체계적으로 설명했다. 『나바호 요술』, 『인간을 위한 저울』 등의 저서가 있다.

10   (옮긴이) 아돌퍼스 피터 엘킨(Adolphus Peter Elkin, 1891~1979)은 오스트레일리
     아의 인류학자로서 『오스트레일리아의 원주민들』, 『오스트레일리아의 토테미즘 연
     구』 등의 저서를 남겼다.

헬드[11], 그 외 많은 학자에게서 그러한 반항을 쉽게 찾아볼 수 있다. 전반적으로 모스의 업적과 사상은 직접적으로 말이나 글의 형태보다는 그와 항상 혹은 이따금 접촉했던 동료들과 제자들을 통해서 영향을 미쳐왔다. 그의 논문과 발표문을 모아 이 역설적 상황을 바로잡고자 하나, 그것만으로 모스의 사상을 철저히 고찰하는 것은 불가능하다. 다만 본서를 계기로 모스의 저작집이 순차적으로 출간되기를 희망할 뿐이다. 그렇게 되면 이미 발표되었거나 발표되지 않은 저작, 단독 저작과 공저작을 포함해 모스의 모든 업적을 마침내 완전히 파악할 수 있을 것이다.

몇몇 현실적 제약 아래 본서에 수록된 연구들이 선정되었지만, 이 글들만으로도 모스 사상의 몇 가지 중요한 측면을 이끌어내 그것이 얼마나 풍부하고 폭넓은지 충분히 잘 드러낼 수 있다.

---

11 (옮긴이) 게리트 얀 헬드(Gerrit Jan Held, 1906∼1955)는 네덜란드의 인류학자로서 뉴기니에서 파푸아족에 관한 현지 조사를 수행하였으며, 『마하바라타: 민족학 연구』 등의 저서를 남겼다.

I

먼저 우리는 모스의 사상에 사람들이 즐겨 부르는 **모더니즘**이 존재한다는 사실에 놀라게 된다. 「죽음의 관념에 관한 시론(Effet physique chez l'individu de l'idée de mort suggérée par la collectivité)[12]」(1926)은 이른바 정신신체의학이 최근 몇 년 사이에 비로소 다룰 수 있게 된 문제의 핵심에 이미 다가서 있다. 물론 캐넌[13]이 스스로 항상성 장애라고 명명한 질환에 대해 생리학적 해석을 내놓은 것은 1차 세계대전 때로 거슬러 올라간다. 하지만 이

---

12 (옮긴이) 이 글에서 레비스트로스는 모스의 저작 제목을 종종 축약해서 사용한다. 여기서 언급된 「죽음의 관념에 관한 시론」은 원래 「집단이 암시한 죽음의 관념이 개인에게 미치는 신체적 효과」라는 긴 제목의 강연 원고이다. 역자들은 레비스트로스가 표기한 방식대로 제목을 번역하되, 처음 등장할 때에 한해 프랑스어 원제목을 병기했다.

13 (옮긴이) 월터 브래드포드 캐넌(Walter Bradford Cannon, 1871~1945)은 미국의 생리학자로서 교감신경·부신계를 비롯한 복합적 반응과정에 주목했다. 특히 생체의 정상상태가 얼마만큼 유지되고 있는가 하는 호메오스타시스(homeostasis) 개념을 제시해 프랑스 생리학자 클로드 베르나르의 항상성 개념을 발전시킨 것으로 유명하다. 저서로는 『신체의 지혜』 등이 있다.

I

저명한 생물학자가 생리적인 것과 사회적인 것이 직결된 듯한 특이 현상을 자기 이론으로 해석한 것은 한참 더 지나서였다.[14] 반면 모스는 1926년부터 이 현상에 관심을 기울여왔다. 물론 그 현상을 발견한 사람으로서가 아니라, 그 현상이 거짓이 아님을 역설했고 얼마나 그 현상이 널리 퍼져 있는지, 그리고 무엇보다도 개인과 집단 관계를 올바르게 해석하는 데 그 현상이 얼마나 중요한지 최초로 강조했던 한 사람으로서 말이다.

집단과 개인의 관계는 어느덧 현대 민족학의 주요 관심사가 되었는데, 이 책 끝부분에 수록된 「몸 테크닉(Les techniques du corps)」(1934)도 모스가 같은 관심에 이끌려 쓴 강연문이다. 모스는 각 사회가 개인에게 엄격한 신체 용법을 부과하는 방식을 연구하는 것이 인간과학에서 매우 중요하다고 주장했다. 이는 훗날 루스 베네딕트[15], 마거릿 미드[16]를 비롯한 젊은 세대 민족학자 대다

---

14 W. B. Cannon, "'Voodoo' Death," *American Anthropologist*, n. s., vol. 44, 1942.

15 (옮긴이) 루스 풀턴 베네딕트(Ruth Fulton Benedict, 1887~1948)는 미국의 문화인류학자로서 인간의 사상과 행동의 의미를 문화주의적 관점에서 파악한 문화 유형론을 제시했다. 주요 저서로 『문화의 패턴』, 『국화와 칼』 등이 있다.

16 (옮긴이) 마거릿 미드(Margaret Mead, 1901~1978)는 미국의 문화인류학자로서 뉴기니와 발리섬에서의 현장 경험을 바탕으로 남녀 인성의 문화적 구조화 과정을 분석했으며 특히 청소년기의 문제와 성(性)행동에 대한 이론을 발표하였다. 저서로는 『사모아의 청소년』, 『남성과 여성』 등이 있다.

수의 연구작업에서 나타나게 될 미국 인류학파의 가장 새로운 관심사를 예고한 것이었다. 생리적 욕구와 신체활동을 교육하는 과정을 통해서 사회구조는 개인에게 각인된다. "아이들은 반사 행동을 통제하는 방법 (…) 두려움을 억제하는 방법 (…) 물에서 뜨는 방법과 헤엄치는 방법을 배운다." 사회적인 것이 어떻게 개인에게 투영되는지 규명하려면 관습이나 행동양식의 가장 깊은 층까지 파고 들어가야 한다. 이 연구 분야에서 하찮은 것, 근거 없는 것, 불필요한 것은 전혀 없다. "아동 교육은 이른바 자질구레한 일들로 가득 차 있지만, 모두 필수적인 것들이다." 또한 "모든 연령대의 남녀가 받는 신체 교육은 아직 관찰되지 않은 수많은 세부 사항으로 이뤄져 있다. 이를 관찰해야만 한다."

이렇듯 모스는 지난 10년 동안 현대 민족지학을 지배하게 될 연구 계획을 세웠을 뿐 아니라 이 새로운 연구 방향이 낳게 될 가장 중요한 결과, 즉 민족학과 정신분석학의 연관성도 알아차렸다. 지난 세기말 프랑스 대학에 군림했던 신칸트주의 교육만큼이나 절제된 지적 · 도덕적 훈련을 받았던 사람이, "성기 접촉과 피부 접촉"으로 발생한 "우리 유년기의 사라진 심리 상태"를 찾아 나서고 자신이 "상당히 근거 있는 정신분석학의 한가운데"에 있다는 사실을 깨닫기 위해서는 많은 용기와 통찰력이 필요했을 것이다. 이렇게 모스는 아기가 젖을 떼는 시기와 방법, 아기를 다루는 방법이 얼마나 중요한지 완전히 인식했다. 그는 심지어 인간 집단을 "요람에서 자란 사람들과 그렇지 않은 사람들"로 분류할 수 있음을 직감한다. 이 견해가 얼마나 참신했는지 알아보려면, 마거릿 미드, 루스 베네딕트, 코라 듀 보이스[17], 클라이드 클럭혼, 도로시아 레이튼[18], 에릭 에릭슨[19], 킹슬리 데이비스[20], 줄스 헨리[21] 등의 이름과 연구를 꼽으면 충분하다. 모스가 이 견해를 제안한 1934년 바로 그해 『문화의 패턴』이 출판되었는데, 이 저작은 모스의 문제 제기 방식에서 한참 벗어나 있었다. 반면 당시 뉴기니에서 현

---

17 (옮긴이) 코라 듀 보이스(Cora Du Bois, 1903~1991)는 미국의 문화인류학자로서 「정신분석학에 대한 몇 가지 인류학적 관점」이라는 논문을 발표했으며, 『1870년의 교령(交靈)춤』, 『미국문화의 지배적 가치의 프로필』 등의 저서를 남겼다.

18 (옮긴이) 도로시아 레이튼(Dorothea Leighton, 1908~1989)은 미국의 정신과 의사이자 의료 인류학의 창시자로서 나바호족의 역사적 배경과 물리적 환경, 건강 문제를 다룬 『나바호족의 문』 등의 저서를 남겼다.

19 (옮긴이) 에릭 에릭슨(Erik Erikson, 1902~1994)은 미국의 심리학자이자 정신분석가로서 미국 최초의 아동 정신분석가로 활동하면서 인간 발달 이론과 정체성 위기 개념을 정립했고 특히 프로이트 이후 정신분석학적 자아심리학을 비약적으로 발전시킨 것으로 유명하다. 『유아기와 사회』, 『정체성과 생활주기』 등의 저서가 있다.

20 (옮긴이) 킹슬리 데이비스(Kingsley Davis, 1908~1997)는 미국의 사회학자이자 인구통계학자로서 인구폭발 개념을 창안했으며 파슨즈 이후 미국 사회학에서 기능주의적 패러다임을 크게 발전시켰다. 『인간 사회』, 『인구 정책』 등의 저서를 남겼다.

21 (옮긴이) 줄스 헨리(Jules Henry, 1904~1969)는 미국의 인류학자로서 프로이트의 정신분석학 개념을 인류학에 적용한 대표적 학자로 유명하다. 『가족구조와 정신발달』, 『인간에 맞서는 문화』 등의 저서가 있다.

지조사 중이었던 마거릿 미드는 모스의 견해와 매우 가까운 이론의 원리를 발전시켰다. 그 이론이 향후 얼마나 큰 영향력을 발휘했는지는 널리 알려져 있다.

게다가 두 가지 다른 관점에서 모스는 모든 후속 연구보다 앞서 있다. 민족학 연구에 몸 테크닉이라는 새로운 영역을 개척했을 때, 모스는 이 연구가 문화 통합 문제와 관련해 갖는 의의를 확인하는 데 그치지 않고 몸 테크닉이 그 자체로 얼마나 중요한지 강조했다. 그러나 이와 관련해서는 지금껏 거의 아무것도 이루어지지 않았다. 10년 혹은 15년 전부터 민족학자들은 몇몇 신체적 규율을 연구하는 데 기꺼이 동의해왔지만, 그들의 연구는 어떻게 집단이 개인을 자기 이미지대로 본뜨는지 규명하겠다는 희망을 넘어서지 못했다. 모스는 인간이 전체 역사를 통틀어, 그리고 무엇보다 전 세계적으로 어떻게 신체를 사용해왔고 또 지금도 사용하고 있는지 그 목록을 작성하고 기술하는 일이 당장 필요하다고 강조했다. 사실 이 엄청난 작업에 손댄 이는 아직 단 한 명도 없다. 우리는 인간이 제작한 산물을 수집하고 문자 텍스트나 구두 텍스트를 채집한다. 하지만 누구나 자유롭게 쓸 수 있는 보편적 도구, 즉 신체가 가진 매우 다양한 가능성에 대해서는 여전히 무지하며, 우리의 특수한 문화가 요구하는 바에 맞춰져 항상 부분적이고 제한된 상태에 머무르는 가능성만 알 뿐이다.

그러나 그 가능성이 집단에 따라 놀랄 만큼 상이하다는 것은 현지에서 활동해본 민족학자라면 누구나 다 아는 사실이다. 흥분의 역치[흥분을 일으킬 수 있는 자극의 가장 작은 크기]나 저항력의 한계는 문화마다 다르다. "이룰 수 없는" 노력, "참을 수 없는" 고통, "상상을 초월하는" 쾌락은 개인의 특성보다는 집단적 동의나 반대를 통해 승인된 기준에 달려 있다. 대대로 전승되고 습득되는 모든 기술과 행동은 신경과 근육의 일정한 공조 작용에 기반을 두는데, 이 작용은 사회학적 맥락 전체와 결합해 말 그대로 진정한 체계를 형성한다. 마찰을 일으켜 불을 지피거나 돌을 깨뜨려 도구를 제작하는 방식처럼 가장 보잘것없는 기술부터 이미 그러하다. 또한 갖가지 체조(여기에는 우리의 것과 전혀 다른 중국 체조와 우리가 거의 알지 못하는 고대 마오리족의 내장 체조도 포함된다), 중국과 인도의 호흡법, 혹은 우리 문화의 아주 오래된 유산임에도 개개인의 적성이나 가족 전통이라는 우연에 맡겨 보존되는 서커스 곡예 같은 위대한 사회적·신체적 구성물은 훨씬 더 체계적이다.

자유로이 사용할 수 있는 기계적 수단이 발달함에 따라 스포츠를 제외한 모든 영역에서 인간이 신체 수단을 단련하거나 활용하는 일로부터 점점 멀어져가는 오늘날, 인간의 신체 사용방식에 관한 이러한 지식이 오히려 더욱 필요할지도 모른다. 스포츠는 모스가 고찰한 행동의 중요한 일부이지만 그 이상은 아니며, 게다가 그 일부조차 집단마다 다른 형태를 취한다. 모스가 「몸 테크닉」 발표문에서 제시한 계획은 유네스코 같은 국제기구가 힘을 쏟아 실현하는 것이 바람직하다. 가령 『신체기술 국제 아카이브(*Archives internationales des techniques corporelles*)』의 편찬을 통해 신체의 모든 가능성과 각 기술을 획득하는 데 필요한 훈련 및 연습 방법을 목록화하면 영락없는 국제적 작업이 될 것이다. 세계의 어떤 인간 집단이라도 이 기획에 독자적으로 이바지할 수 있기 때문이다. 더욱이 이것은 전 인류가 바로 접근할 수 있는 공통 유산, 즉 뿌리는 수천 년 전으로 거슬러 올라가고 실제 가치는 지금도 그리고 앞으로도 변하지 않을 유산이다. 또한 이 공통 유산을 모든 사람이 자유롭게 이용하면 다른 어떤 수단도 따라오지 못할 체험의 형태로, 각자는 자신을 전 인류와 결부시키는 지적·신체적 연대감을 생생히 느낄 수 있을 것이다. 이 기획은 인종적 편견에 대응하는 데도 아주 적합하다. 인간이 신체의 산물임을 밝혀내려는 인종주의적 사고와는 달리, 이 기획은 역으로 인간이 언제 어디서나 자기 신체를 기술이나 표상의 산물로 만들 수 있었음을 증명하기 때문이다.

　하지만 단지 도덕적이고 실제적 이유만으로 이 기획을 지지하는 것은 아니다. 이 기획은 먼 과거에 일어났던 이주와 문화적 접촉, 문화적 차용에 관해 예상치 못한 풍부한 정보도 제공할 수 있다. 대대로 전해 내려왔지만 일견 하찮게 보이는 몸짓, 하찮다는 바로 그 이유로 보호받아온 몸짓이 종종 고고학적 지층이나 조각을 입힌 건축물 이상으로 인류의 행적을 증명한다. 남성이 소변볼 때 손의 위치, 몸을 씻을 때 흐르는 물과 고인 물 가운데 어느 한쪽을 선호하는 경향, 또한 이 경향의 살아있는 형태로서 물이 흐를 때 세면대의 배수구를 닫거나 열어두는 습관 등은 모두 신체적 습성의 고고학적 사례로서, 현대 유럽(다른 곳은 말할 것도 없이)에서 선사학이나 문헌학만큼이나 고귀한 지식을 문화사학자에게 제공할 것이다.

*

*   *

빵집 진열대에 놓인 빵 모양에서 켈트족이 어디까지 진출했는지를 읽어 내며 즐거워했던 모스만큼 우리 관습 중 가장 보잘것없고 가장 구체적인 것에 관심을 쏟고 그 안에 구현된 과거와 현재의 결합을 예의 주시한 사람은 없었다. 한편, 주술로 인한 죽음이나 몸 테크닉이 얼마나 중요한지 강조하면서 그는 또 다른 유형의 결합을 입증할 생각을 품는다. 그것이 본서에 실린 세 번째 발표문 「심리학과 사회학의 실질적이고 실천적인 관계(Rapports réels et pratiques de la psychologie et de la sociologie)」(1924)의 주요 주제를 이룬다. 이 모든 사례에서 우리는 "시급히 연구해야 할 어떤 종류의 사실, 즉 인간의 사회적 본성과 생물학적 본성이 매우 직접적으로 결합된 사실"[22]에 직면한다. 바로 이런 사실이야말로 사회학과 심리학의 관계라는 문제를 해결하는 데 제격이다.

동시대 민족학자와 심리학자에게 그들이 설명하려고 애쓰는 현상이 정신병리학에서 빌린 공통언어로 기술할 수 있다고 가르친 사람은 루스 베네딕트였다. 이것만으로도 수수께끼라 할 수 있다. 이보다 10년 전 모스는 정신병리학이 그렇게 기여할 수 있음을 너무나 예언자다운 명석함으로 알아차렸지만, 프랑스에서 인간과학이 경시된 탓에 입구가 훤히 열려있는 이 광대한 분야는 곧장 탐색되지 못했다. 일찍이 1924년에 모스는 심리학자들 앞에서 사회생활을 "상징적 관계의 세계"로 정의하면서 다음과 같이 말했다. "여러분은 상징체계(symbolisme)의 이러한 사례를 극히 드물게, 게다가 비정상적 사실 속에서만 포착하는 데 비해 우리는 항상 매우 많은 사례를, 그것도 무수히 많은 정상적 사실 속에서 파

---

22 모스 사상의 이런 측면에 관해서는 본서 『사회학과 인류학』에 실리지 않은 다음의 논문 두 편을 참조할 수 있다. "Salutations par le rire et les larmes," *Journal de Psychologie*, 1922; "L'Expression obligatoire des sentiments," *ibid.*, 1922.

악한다." 이 간결한 문구는 『문화의 패턴』에서 개진된 명제 전체를 선취하고 있었지만 정작 루스 베네딕트 자신은 이를 전혀 깨닫지 못했던 것 같다. 실로 안타까운 일이 아닐 수 없는데, 만약 루스 베네딕트와 그 학파가 모스의 문구와 그에 대한 상세한 설명을 알았다면 때로 마땅히 받아야 했던 몇몇 비난으로부터 자신들의 입장을 더 쉽게 방어했을 것이기 때문이다.

미국의 심리사회학파는 집단문화와 개인의 심적 과정(psychisme) 사이의 상관관계 체계를 정의하려고 함으로써 오히려 순환적 사고에 갇히는 위험에 처하고 말았다. 이 학파는 어떤 기본적 매개가 집단의 문화를 구현하고 지속성 있는 개인 태도들을 결정하는지를 알아내기 위해 정신분석학으로 눈을 돌렸다. 그때부터 민족학자들과 정신분석가들은 각 요인의 우선순위를 놓고 끝없는 갑론을박에 빠져들었다.

사회는 그 구성원들의 특정한 인성 양식에서 제도적 특성을 도출하는가 아니면 반대로 인성이 그 자체 문화 현상인 유아 교육의 몇 가지 측면으로 설명되는가? 그러나 인성과 문화 사이의 관계는 인과관계가 아니며(각 요인에 어떤 위치를 부여하든지 상관없이), 이 관계에 대한 심리학적 정식화는 본래 사회학적인 구조를 개인의 심리 수준에서 번역한 것에 지나지 않는다. 이 사실을 깨닫지 않는 한 논쟁은 교착상태를 벗어나지 못할 것이다. 마거릿 미드는 최근 발표한 논문[23]에서 이를 매우 시의적절하게 강조했다. 그녀는 통제된 상황에서 로르샤흐(Rorschach) 테스트[24]로 얻은 결과는 유용한 심리학적 해석을 제공해주지만, 이 테스트를 원주민에게 적용했을 때는 엄격한 민족학적 조사 방법을 통해 이미 알려진 것 이외에 새롭게 말해주는 사실이 없다는 점을 보여주었다.

심리적인 것이 사회적인 것에 종속된다는 점을 모스는 효과적으로 밝혀냈다. 물론 루스 베네딕트는 문화 유형을 정신병리학적 질환으로 환원할 수 있다고 주장한 적이 없으며, 하물며 전자를 후자로 설명하려고도 하지 않았다. 그렇지만 사회현상을 특징 짓기 위해 정신의학 용어를 사용한 것은 현명하지 못한데, 왜냐하면 오히려 그 반대로 해야 두 영역의 참된 관계를 파악할 수 있기 때문이다. 관습과 제도를 통해 자신을 상징적으로 표현하는 것은 사회의 본성에 속한다. 반면 개인의 정상적 행동들은 **결코 그 자체로서 상징적인 것이 아니다.** 상징체계는 집합적일 수밖에 없으며 정상적 행동들은 이를 구성하는 요소를 이룬다. 단지 비정

---

23   M. Mead, "The Mountain Arapesh," *Anthropological Papers of the American Museum of Natural History*, vol. 41, Part. 3, New York, 1949, p. 388.

24   (옮긴이) 스위스의 정신과 의사 헤르만 로르샤흐가 소개한 검사로서, 잉크 반점을 떨어뜨려 데칼코마니 형태로 만든 10장의 카드에 대한 반응을 통해 수검자의 심리 상태를 평가하는 방법을 말한다.

상적 행동들만이 개인 수준에서 자율적 상징체계라는 환상을 실현한다. 비정상적 행동들은 탈사회화된 행동, 말하자면 제멋대로 수행되는 행동이기 때문이다. 이처럼 주어진 사회에서 개인의 비정상적 행동 양식은 상징체계의 지위를 획득하지만, 집단이 자신을 표현하는 상징체계보다 열등한 수준에서, 말하자면 규모의 측면에서 너무 차이가 나서 실제로 비교조차 되지 않는 수준에서 획득한다. 요컨대 개개인의 정신병리학적 행동은 상징적이되 (정의상) 집단의 체계와는 상이한 체계를 표현한다. 따라서 이러한 행동이 집단의 수준에서 성립하는 상징체계에 비해 (개인적 행동이자 병리적 행동이라는 의미에서) 이중으로 가치가 떨어지는 상징체계를 각 사회에 제공함과 동시에 바로 그 집단적·표준적 상징체계를 어렴풋이 환기하는 것은 자연스럽고 불가피한 일이다.

논의를 보다 멀리 밀고 나갈 수도 있다. 병리학적 영역은 결코 개인 영역과 동일하지 않다. 서로 다른 유형의 장애라고 해도 범주별로 정리되거나 분류되기 때문에, 그리고 장애의 주요 유형은 사회마다 다를 뿐 아니라 같은 사회에서도 역사적 시기에 따라 다르기 때문이다. 일부 사람들이 정신병리학을 매개로 삼아 사회적인 것을 심리적인 것으로 환원하려고 시도한 적이 있다. 하지만 사회마다 주된 정신장애 형태가 있으며, 이 형태 역시 정상적 형태와 마찬가지로 집합적 질서에 달린 것임을 인식한다면(집합적 질서는 어떤 예외도 무관한 것으로 내버려 두지 않는다), 그러한 시도가 우리가 지금까지 인정한 것보다 훨씬 더 허황됨을 알 수 있을 것이다.

나중에 다시 언급하겠지만, 출간 연도를 고려하지 않고서는 정당하게 평가할 수 없는 주술에 관한 논문에서 모스는 이렇게 적는다. "마법사가 모의로 재현하는 증상은 신경증 환자에게서 확인되는 증상과 같은 종류에 속한다"고 해도, 주술사가 선발되는 범주, 즉 "불구자, 황홀경에 빠진 사람, 신경증자, 유랑자가 일종의 사회계급을 이룬다"는 것은 여전히 사실이다. 그리고 모스는 "개개인의 신체적 특성이 아니라 같은 종류의 사람들을 대하는 사회의 태도가 그들에게 주술의 역량을 부여한다"고 덧붙인다. 모스는 이 같은 문제를 제기했을 뿐 해결하지는 못했지만, 그의 뒤를 이어 우리가 이 문제를 탐구해볼 수 있을 것이다.

*

*　　*

황홀경에 빠진 샤먼이나 신들림 의식의 주인공을 신경증 환자와 비교하는 것은 어렵지 않다. 나 자신이 그렇게 해본 적이 있는

I

데,[25] 이 두 가지 상태에 공통 요소가 개입할 수 있다는 점에서 그런 비교에는 타당한 측면이 있다. 그렇지만 몇 가지 유보해야 할 지점이 있다. 우선, 정신의학자들은 신들려 춤추는 장면을 찍은 영상 기록물을 접하고 나서 그 행위를 자신들이 통상 관찰해왔던 신경증의 어떤 형태로도 환원할 수 없다고 단언한다. 다른 한편, 무엇보다 주술사나 (예사롭게 또는 드문드문) 신들린 사람과 접촉했던 민족지학자는 이들을 병자로 간주할 수 없다고 주장한다. 이들은 사회적으로 정의된 상황 안에서만 특유의 모습을 나타내 보일 뿐, 다른 상황에서는 모든 면에서 정상인과 다를 바 없기 때문이다. 신들림 의식이 존재하는 사회에서 신들림은 모든 이들이 행할 수 있는 것으로, 그 방식은 전통에 의해 규정되고 그 가치는 집단적 참여 속에서 승인된다. 주술사나 신들린 사람은 자기가 속한 집단의 평균적 인간이다. 그들은 모든 지적·신체적 능력을 활용해 일상생활을 영위하면서 집단이 승인한 의미심장한 행동을 간간이 보여줄 뿐이다. 그런데 무슨 근거로 그들을 비정상인으로 취급해야 한다는 말인가?

방금 지적한 모순은 두 가지 다른 방식으로 해결될 수 있다. 하나는 "황홀경"이나 "신들림"으로 기술된 행동이 우리 사회에서

---

25   "Le Sorcier et sa magie," *Les Temps modernes,* mars 1949.

정신병리학적이라고 불리는 행동과 아무 관련이 없다고 보는 것이고, 다른 하나는 이 두 행동이 같은 유형에 속한다고 보는 것이다. 후자의 경우, 우리 사회에서 관찰되는 특정 행동과 병리학적 상태의 연관성은 우리 사회에 특유한 조건에서 비롯되는 우연적인 것으로 여겨야 한다. 이 경우 우리는 또 다른 선택지에 직면하게 된다. 하나는 이른바 정신질환을 실상 의학의 영역에 속하는 것이 아니라 개인적인 병력이나 체질로 인해 집단에서 부분적으로 분리된 사람들에게 미치는 사회학적 영향의 귀결로 간주하는 것이며, 다른 하나는 환자들의 상태가 실제로 병리적임을 인정하는 것이다. 하지만 이 경우에도 생리학적 원인을 갖는 병리적 상태는 오직 사회학만이 설명할 수 있을 특정한 상징적 행동의 출현에 유리한 체질, 혹은 "민감성(sensibilisateur)" 체질을 만들어내는 데 그칠 것이다.

　이러한 논쟁을 다시 시작할 필요는 없다. 앞에서 여러 선택지를 서둘러 살펴본 이유는 정신장애(혹은 우리가 그렇게 간주하는 것)를 다룰 순수한 사회학 이론이 구상될 수 있으며, 이 과정에서 생리학자들이 언젠가 신경증의 생화학적 토대를 발견할까 염려할 필요가 없다는 것을 보여주기 위함이었다. 실제로 그런 일이 벌어지더라도 사회학 이론은 여전히 유효할 것이다. 게다가 이 이론의 내부 구조가 어떠할지도 비교적 쉽게 상상해볼 수 있다. 문화

I

는 상징적 체계들의 총체로서 그 중심에는 언어, 혼인 규칙, 경제 관계, 예술, 과학, 종교가 자리한다. 이 모든 체계는 물리적 실재와 사회적 실재의 특정 양상, 나아가 두 유형의 실재가 맺는 관계 및 상징적 체계들 자체의 상호관계를 표현한다. 그러나 이 체계들이 완전히 만족스럽고 무엇보다 동등한 방식으로 그러한 양상과 관계를 표현하는 것은 아니다. 우선, 체계마다 각각의 기능을 위한 고유한 조건이 있기 때문이다. 체계들은 언제나 통약 불가능한 상태에 머문다. 또한 역사가 각 체계에 이질적 요소를 도입하고, 한 사회에서 다른 사회로의 이행 및 각 체계가 진화하는 상대적 리듬의 차이를 결정하기 때문이기도 하다. 따라서 어떤 사회도 전체적으로 완전하게 상징적일 수는 없다. 사회는 항상 특정 시공간 안에서 다른 사회들과 자신의 이전 상태에 의해 영향을 받기 마련이며, 다른 어떤 사회와도 관계가 없고 자신의 과거에도 의존하지 않는 이론상의 사회에서조차 상이한 상징체계들(이 모두가 한데 모여 문화 혹은 문명을 구성한다)은 서로 환원 불가능하기 때문이다(한 체계를 다른 체계로 번역하려면 무리수(無理數)의 값을 가진 상수, 즉 두 체계 외부에 존재하는 상수를 도입해야 한다). 사회가 결코 완전히 상징적일 수 없다는 말보다는, 어떤 사회도 상징적 구조를 구축하는 일에 완전히 전념하게 해 줄 수단을 모든 구성원에게 똑같이 제공하지 못한다고 말하는 편이 더 정확하다. 정상적 사고의 맥락에서 상징적 구조는 사회생활의 차원에서만 실현될 수 있다. 우리가 정신이 건강하다고 일컫는 사람은 엄밀히 말해, 자기와 타자의 관계를 통해서만 정의되는 세계에 살기로 동의함으로써 자신으로부터 소외된[자기를 잃어버린] 사람을 뜻한다.[26] 사회생활에 참여하기를 거부하는 것(무엇보다 정해진 방식에 따라 참여하기를 거부하는 것)이 정신장애를 일으키듯이, 개인의 정신 건강은 사회생활에 참여한다는 것을 전제로 한다.

　한 사회는 산재(散在)한 질량 덩어리들만이 고도로 구조화된 우주에 비견될 수 있다. 그러므로 어떤 사회에서든 일정 비율의 사람들이(더구나 그 비율은 가변적이다) 말하자면 체계 밖에 위치하거나 서로 환원될 수 없는 두 개 혹은 그 이상의 체계들 사이에 위치하는 것은 불가피하다. 집단은 이들에게 집합적 차원에서는 실현될 수 없는 절충을 형상화해 보이라고, 가상적 이행을 꾸며내라고, 양립 불가능한 것들을 체현하라고 요구하거나 강요하기까지 한다. 따라서 "병자들"이 취하는 외관상 엉뚱해 보이는 행위 양식들은 이들이 속해 있는 집단의 특정 상태를 표현하고 그 일반적

26　바로 이것이 자크 라캉 박사가 심층적으로 연구한 끝에 내린 결론으로 보인다. "L'Agressivité en psychanalyse," *Revue française de psychanalyse*, n° 3, juillet-septembre 1948.

경향 몇몇을 드러낼 뿐이다. 병자들은 어떤 국소 체계의 주변부에 위치하지만, 그 국소 체계와 마찬가지로 전체 체계의 일부를 구성한다. 더 정확히 말해, 만약 병자들이 그처럼 고분고분한 존재가 아니었더라면 전체 체계는 자신의 국소 체계들로 와해될 위험에 처했을 것이다. 따라서 각 사회에서 정상적 행동과 특이한 행동은 상호보완적 관계를 맺는다고 할 수 있다. 샤머니즘이나 신들림의 경우가 이를 명백히 보여준다. 우리 사회의 구조적 모순과 결함에 민감하게 반응하는 (그 이유가 역사적인지, 심리학적인지, 사회학적인지 아니면 생리학적인지는 중요하지 않다) 사람들의 행위 양식도 마찬가지일 것이다. 그러나 우리 사회는 이러한 행위 양식을 **사명**(vocations)으로 분류하고 인정하길 거부한 채, 해당 개인들이 [비정상의 범주에 들어가 정상/비정상의] 일정한 통계적 비율을 실현해 주길 바라고 있다.

우리는 주술사가 왜 그리고 어떻게 사회 균형의 요소를 이루는지 잘 알고 있다. 신들린 춤이나 의식에서도 같은 사실이 확인된다.[27] 그런데 우리의 가설이 옳다면, 각 사회가 자기 고유의 균형에 도달할 수 있게 해주는 것은 해당 사회의 특징적 정신장애

---

27 Michel Leiris, "Martinique, Guadeloupe, Haïti," *Les Temps modernes*, nº 52, février 1950, pp. 1352~1354.

형태 및 이러한 장애를 앓는 개인들의 비율일 것이다. 최근에 발표된 주목할 만한 연구에서 나델[28]은 어떤 샤먼도 "일상생활에서 '비정상적' 개인, 신경증 환자 또는 편집증 환자가 아니다. 그렇지 않다면 그는 샤먼이 아니라 미치광이로 여겨질 것이다"라고 언급한 후 다음과 같이 주장한다. 즉 정신병리학적 장애와 샤먼의 행동 사이에는 모종의 관계가 존재하지만, 이 관계는 양자의 동일성을 보여주기보다는 정신병리학적 장애를 샤머니즘의 함수로 정의해야 할 필요성을 제기한다는 것이다. 바로 샤먼의 행동이 정상이기 때문에, 다른 사회라면 정신병리학적 장애로 여겨지거나 여겨질 수 있는 행동이 샤먼이 있는 사회에서는 정상으로 통하는 것이다. 특정 지역에서 샤먼이 있는 집단과 그렇지 않은 집단을 비교 연구하면, 샤머니즘이 정신병리학적 성향에 대해 이중적 역할을 한다는 것을 알 수 있다. 즉 한편으로 샤머니즘은 그 성향을 활용하지만 다른 한편으로는 그것을 관리하고 안정화한다. 실제로 문명과 접촉했을 때 샤머니즘이 없는 집단에서는 정신병(psychose)과 신경증(névrose)의 빈도가 높아지는 경향이 있지만,

---

28   (옮긴이) 지크프리트 프레데릭 나델(Siegfried Frederick Nadel, 1903~1956)은 영국의 인류학자로서 나이지리아의 누페족과 수단의 누바족을 현지에서 연구했다. 『검은 비잔티움』, 『누바족』, 『누페족의 종교』 등의 저서를 남겼다.

샤머니즘이 있는 집단에서는 샤머니즘 자체가 더 강화되긴 해도 정신장애가 늘어나지는 않는다.[29] 이로써 특정 의식(儀式)들을 정신병리학적 맥락에서 완전히 분리시키려고 했던 민족학자들의 선의는 얼마간 소심한 것이었음이 드러난다. 샤머니즘과 정신장애의 유사성은 명백할 뿐 아니라 양자의 관계를 따져보는 것도 가능하다. 이는 소위 미개사회가 광인의 지배 아래 놓여 있다는 뜻이 아니다. 사회학적 현상은 병리학과 무관함에도, 혹은 적어도 그 두 양상을 엄격하게 구별해야 함에도, 오히려 우리 자신이 사회학적 현상을 병리학에 기인한 것처럼 맹목적으로 취급했음을 의미한다. 사실 **정신질환**(maladie mentale)이라는 개념 자체가 문제의 원인이다. 모스가 주장하듯이 정신적인 것과 사회적인 것이 일체를 이룬다면, 사회적인 것이 생리적인 것과 직접 결부되는 경우 어느 한쪽에서만 의미가 있는 개념(예를 들어 질병)을 다른 한쪽에 적용하는 것은 터무니없기 때문이다.

분명히 어떤 이들은 경솔하다고 판단하겠지만, 정해진 경로를 벗어나 모스 사상의 극한까지 아니 어쩌면 그 너머까지 논의를 끌고 가면서 나는 단지 모스가 독자나 청중에게 제공했을 생각거리

---

29   F. Nadel, "Shamanism in the Nuba Mountains," *Journal of the Royal Anthropological Institute*, vol. LXXVI, Part I, 1946 (publié en 1949).

가 얼마나 풍부하고 비옥한지 보여주고 싶었다. 이런 점에서 상징 체계가 사회학에 전적으로 속한다는 모스의 주장은 뒤르켐이 그 러했듯이 경솔하게 공식화된 것인지도 모른다. 「심리학과 사회 학의 관계」(1924)라는 강연문에서 모스는 여전히 상징체계에 대 한 사회학적 이론을 구상할 수 있다고 믿고 있지만, 실상 요구되 는 것은 사회의 상징적 기원을 규명하는 일이기 때문이다. 정신생 활의 모든 수준이 심리학의 권한 아래 있다는 것을 부정하면 할 수록, 우리는 (생물학과 함께) 정신의 기본 기능이 어디서 유래했는 지 설명할 수 있는 유일한 학문인 심리학에 점점 더 고개를 숙여 야 한다. 오늘날 "전형적 성격(personnalité modale)"이나 "국민성 (caractère national)" 같은 개념에 집착하는 모든 환상과 그로 인한 악순환이 개인의 성격 자체가 상징적이라는 믿음에서 비롯되는 것도 여전히 사실이다. 하지만 모스가 환기했듯이 (정신병리학적 현 상은 제외하고) 개인의 성격은 상징체계의 원재료 혹은 요소일 뿐 이며, 앞에서 살펴본 것처럼 상징체계는 집단 수준에서조차 결코 완성 상태에 도달하지 못한다. 따라서 정신분석의 방법과 절차를 개인의 정상적 심리 과정에까지 확대 적용하는 일은 (병리적 과정 에 적용할 때와 마찬가지로) 민족학을 불필요하게 만들면서 사회구 조의 이미지를 정립하는 기적 같은 지름길을 결코 제공할 수 없을 것이다.

개인의 심적 과정은 집단을 반영하지 않는다. 하물며 집단을 미리 형성하지도 않는다. 반면 개인의 심적 과정이 집단을 보완한다는 사실을 인정하는 연구가 진행 중인데, 이 연구가 얼마나 가치 있고 중요한지는 향후 충분히 증명될 것이다. 개인의 심적 과정과 사회의 구조 사이에 존재하는 이러한 **상호보완성**은 모스가 요청한 민족학과 심리학의 생산적인 협력의 토대를 이룬다. 단 이 협력이 유효하려면 민족학이 관습과 제도의 기술 및 객관적 분석의 영역에서 주도적 위치를 계속 주장해야만 한다. 관습과 제도의 주관적 측면에 대한 깊이 있는 심리학적 연구는 오히려 이 위치를 강화할 수 있을 뿐, 결코 민족학을 뒷전에 물러앉게 만들 수는 없을 것이다.

II

이상이 「심리학과 사회학」과 「죽음의 관념」, 「몸 테크닉」 세 논문에서 여전히 유용하게 고찰할 수 있는 핵심 지점으로 보인다. 본서를 구성하는(더구나 그 대부분을 차지하는) 다른 세 논문, 「주술의 일반이론(Esquisse d'une théorie générale de la magie)」과 「증여론(Essai sur le don)」, 「사람의 개념(Une catégorie de l'esprit humain: la notion de personne, celle de 'moi')」[30]은 모스 사상이 가진 한층 더 결정적인 측면을 보여준다. 「주술의 일반이론」과 「증여론」을 갈라놓는 20년 사이에 존재하는 다음과 같은 이정표들 ─「예술과 신화(L'Art et le Mythe)」[31], 「안나 비라지(Anna-Virâj)」[32], 「화

---

30 이 글은 「영혼과 이름」이라는 논문으로 보완되었다. ("L'Âme et le Prénom," *Communication à la Société de philosophie*, 1929.)

31 *Revue Philosophique*, 1909.

32 *Mélanges Sylvain Lévy*, 1911.

폐 개념의 기원(Origine de la notion de monnaie)」[33], 「에베족에게 화폐와 환전의 신들(Dieux Ewhe de la monnaie et du change)」[34], 「트라키아인에게 계약의 태고 형태(Une forme archaïque de contrat chez les Thraces)」[35], 「포시도니우스 텍스트에 관한 논평 (Commentaires sur un texte de Posidonius)」[36] ― 을 우리가 함께 고려할 수 있었다면, 그리고 핵심 논문인 「증여론」과 같은 지향을 공유하는 여러 논문 ― 「분류의 원시적 형태들(De quelques formes primitives de classification)」[37](뒤르켐과 공저), 「에스키모 사회의 계절적 변이에 관한 시론(Essai sur les variations saisonnières des sociétés eskimo)」[38], 「선물, 독(Gift, Gift)」[39], 「농담관계(Parentés à plaisanteries)」[40], 「경쟁, 결혼식(Wette, Wedding)」[41], 「켈트법에서

---

33   *L'Anthropologie*, 1913~1914.

34   *Ibid.*

35   *Revue des Études grecques*, vol. XXXIV, 1921.

36   *Revue Celtique*, 1925.

37   *Année Sociologique*, VI, 1901~1902.

38   *Année Sociologique*, IX, 1904~1905.

39   *Mélanges Adler*, 1925.

40   *Rapport de l'École des Hautes Études, Annuaire*, 1928.

41   *Procès-verbaux de la Société d'Histoire du Droit*, 1928.

남자 쪽 재산과 여자 쪽 재산(Biens masculins et féminins en droit celtique)」[42], 「문명(Les Civilisations)」[43], 「일반 기술 사회학 초안 (Fragment d'un plan de sociologie générale descriptive)」[44] — 이 본 서에 함께 수록되었다면, 그 측면은 훨씬 더 잘 부각되었을 것 이다.

「증여론」이 모스의 대표작이자 가장 유명하고 가장 깊은 영향 을 끼쳐온 저작임은 분명하지만, 「증여론」을 나머지 저작들과 따 로 논한다면 중대한 실수를 저지르게 될 것이다. 총체적인 사회적 사실(le fait social total)이라는 개념을 소개하고 널리 알린 것은 「증 여론」이다. 하지만 이 개념이 우리가 이미 살펴본 (표면적으로는 이 질적인) 모스의 고찰들과 얼마나 밀접하게 연관되는지는 쉽게 알 아차릴 수 있다. 이 개념도 앞서 검토한 모스의 고찰들과 마찬가 지로 사회적 실재를 정의하려는, 아니 그보다는 사회적인 것을 **실 재**로서 정의하려는 관심에서 출발한다. 다만 보다 포괄적이고 체 계적인 방식으로 정의한다는 점에서 이 개념이 모스의 다른 고찰

---

42   *Procès-verbaux des Journées d'Histoire du Droit*, 1929.

43   In: *Civilisation, le mot et l'idée*, Centre international de Synthèse, Première semaine, 2ᵉ fascicule, Paris, 1930.

44   *Annales Sociologiques*, série A, fasc. 1, 1934.

들을 지휘한다고까지 말할 수 있다. 그런데 사회적인 것은 체계에 통합될 때만 실재적이다. 바로 이것이 총체적 사실이라는 개념의 첫 번째 측면이다. "사회학자들은 다소 지나칠 정도로 분석하고 추상화하기 마련이지만, 그다음에는 반드시 전체를 재구성하려고 노력해야 한다." 하지만 이는 간단한 일이 아니다. 가령 사회생활의 불연속적 측면들(가족적, 기술적, 경제적, 법적, 종교적 측면들) 가운데 어느 하나에 우선권을 부여하면서 전체를 포착하려는 시도는 여러 측면을 단순히 재통합하는 데 그칠 뿐 총체적 사실을 드러내주지는 못한다. 총체적 사실은 반드시 개인의 체험 속에 구현되어야 하는데, 이는 서로 다른 두 관점에서 이루어질 수 있다. 우선 "행동을 기능에 따라 나누지 않고 총체로서 관찰"하게 해주는 개인의 역사 속에서 구현되어야 하고, 다음으로는 사람들이 **인류학**이라고 즐겨 부르는 것(이 용어의 가장 오래된 의미는 현재에도 분명 적합하다) **속에서**, 즉 모든 행위의 신체적, 생리학적, 심리학적, 사회학적 측면을 동시에 고찰하는 해석 체계 속에서 구현되어야 한다. 따라서 "사회적 삶이라는 우리 삶의 일부분을 연구하는 것만으로는 충분하지 않다."

여기서 총체적인 사회적 사실은 삼차원적 성격을 지닌 것으로 나타난다. 그것은 다양한 공시적 측면을 가진 고유한 사회학적 차원을 한편으로는 역사적 혹은 통시적 차원과 일치시켜야 하고,

다른 한편으로는 생리-심리적 차원과 일치시켜야 한다. 그런데 이 세 가지 차원은 단지 개인에게서만 결합한다. 우리가 "총체적인 것의 연구이기도 한 구체적인 것의 연구"에 나설 때, "참된 것은 기도나 법이 아니라 어떤 섬의 멜라네시아인, 로마[인], 아테네[인]"라는 사실을 깨달을 수밖에 없는 이유가 여기에 있다.

결과적으로 총체적 사실은 여태껏 단 하나로 보였지만 실은 이중적인 관심사와 직접 연관된다. 하나는 사회적인 것과 개인적인 것을 관련짓는 것이고 다른 하나는 신체적인 것(혹은 생리적인 것)과 심리적인 것을 관련짓는 것이다. 이는 역시 이중의 이유에서 쉽게 이해할 수 있는 일이다. 한편으로 우리는 일련의 환원을 끝낸 뒤에야 총체적 사실을 확보할 수 있는데, 거기에는 (1) 사회적인 것의 다양한 양태(법적, 경제적, 심미적, 종교적 등), (2) 개인사의 다양한 계기(출생, 유년기, 교육, 청소년기, 결혼 등), (3) 반사작용, 분비작용, 억제작용, 항진작용 같은 생리현상부터 무의식의 범주와 의식의 개인적·집합적 표상에 이르는 다양한 표현형식이 포함된다. 어떤 의미에서 이 모든 것은 확실히 사회적이다. 이처럼 다양한 성격을 지닌 요소들은 오직 사회적 사실로서만 전체적 의미를 획득하고 총체를 이룰 수 있기 때문이다. 그러나 그 역도 참이다. 총체적 사실이 얼마간 신빙성 있는 세부적 사실들을 자의적으로 쌓아 올린 것이 아니라 실재에 조응하는 것임은 우리가 그것을 구체적 경험 속에서 파악할 수 있다는 사실을 통해서만 보증되기 때문이다. 구체적 경험이란 "로마, 아테네"처럼 특정 시공간 속에 있는 사회의 경험이자, "어떤 섬의 멜라네시아인"처럼 특정 사회에 사는 개인의 경험을 뜻한다. 따라서 모든 심리학적 현상은 사회학적 현상이고 정신적인 것은 사회적인 것과 일치한다는 견해는 어떤 의미에서 분명히 참이다. 하지만 다른 의미에서는 모든 것이 전도된다. 사회적인 것의 증거는 정신적인 것일 수밖에 없다. 다시 말해, 어떤 제도의 의미와 기능을 온전히 파악했다고 확신하려면 그 제도의 영향력을 개인의식에서 되살릴 줄 알아야 한다. 개인의식에 대한 영향력은 제도의 필수 요소이기에, 역사적 분석 또는 비교 분석의 객관성을 체험의 주관성과 일치시키는 해석이 반드시 필요하다. 앞서 우리는 모스 사상의 한 지향점을 추적하면서 심리적인 것과 사회적인 것의 상보성이라는 가설에 도달했다. 그러나 이 상보성은 퍼즐의 두 반쪽에서 볼 수 있는 불변의 상보성이 아니다. 그것은 역동적 상보성으로서 다음의 사실에 기초한다. 즉 심리적인 것은 자신을 초과하는 상징체계와 관련해 **단순한 의미 요소**에 불과하지만, 심리적인 것 내부에서 이뤄지는 종합을 통해서만 실재의 복합적 측면들이 파악될 수 있다는 점에서 실재를 **검증하는** 유일한 **수단**이기도 하다.

이처럼 총체적인 사회적 사실이라는 개념에는 농업기술과 의례, 또는 배의 건조와 가족 집단 형태, 어획물 분배규칙을 반드시 관련지어 분석해야 함을 연구자들에게 권고하는 것 이상의 의미가 담겨 있다. 사회적 사실이 총체적임은 **관찰된 것은 모두 관찰의 일부**일 뿐 아니라, 무엇보다도 관찰자와 관찰 대상이 같은 본성을 지닌 학문의 경우 **관찰자 자신도 관찰의 일부**임을 의미한다. 여기서 하고자 하는 이야기는 민족학적 관찰이 그것이 이루어지는 사회의 기능에 미치는 불가피한 영향에 대한 것이 아니다. 이런 문제는 비단 사회과학에만 국한되는 것이 아니라 사람들이 무언가를 정밀하게 측정하려고 할 때, 즉 관찰자(그 자신 혹은 관찰 수단)가 관찰 대상과 같은 수준에 있을 때는 어디서나 발생하기 때문이다. 게다가 이 곤란한 문제를 밝힌 이는 물리학자이지 사회학자가 아니다. 단지 이 골칫거리가 사회학자에게도 똑같이 닥칠 뿐이다. 다만 사회과학의 대상은 객체이자 주체이고 뒤르켐과 모스의 용어를 빌리자면 "사물"이자 "표상"이라는 내적 특성을 갖기 때문에, 사회과학이 처한 특수한 상황은 다른 학문과 본질적으로 다르다. 하긴 물리학이나 자연과학도 비슷한 상황에 놓여있을지 모른다. 실재의 모든 요소는 대상이지만 표상을 촉발하기 때문에, 그리고 대상을 전체적으로 설명하려면 그 고유한 구조는 물론이거니와 우리가 그 특성을 파악할 때 매개 역할을 하는 표상까지 고려해야 하기 때문이다. 이론적으로는 분명히 그렇다. 가령 완전한 화학이 존재한다고 치자. 그럼 딸기 분자의 모양과 조합을 설명해야 할 뿐만 아니라 그런 분자 배열에서 어떻게 독특한 맛이 생기는지도 설명해야 한다. 그러나 역사가 증명하듯 과학은 그렇게까지 멀리 나가지 않고서도 사람들의 기대에 충분히 부응해 왔으며, 수 세기 또는 수천 년이 걸릴지라도 대상을 완전히 인식하는 쪽으로 계속 발전할 것이다(과학이 언제 거기에 도달할지는 알 수 없다). 이 같은 과학의 진보는 한편으로 설명해야 할 대상의 고유한 특성과 다른 한편으로 고려될 필요가 없는 주체의 특성 사이의 극히 불안정한 구분 덕분에 가능하다.

반면 모스가 말한 총체적 사회적 사실은 (우리의 해석이 옳다면) 쉽고 효과적인 [주관/객관의] 이분법을 사회학자가 채택해서는 안 된다는 점, 혹은 적어도 사회학 발전의 잠정적·일시적 단계에서만 이 이분법이 통할 수 있다는 점을 함축한다. 사회적 사실을 제대로 이해하려면 **총체적으로** 파악해야 한다. 즉 하나의 사물처럼 외부에서 파악하되, 그것에 대한 우리의 주관적(의식적 또는 무의식적) 이해까지도 이미 포함하고 있는 사물로서 파악해야 한다. 우리 역시 인간이기에, 민족지학자로서 사회적 사실을 관찰하기보다는 원주민과 마찬가지로 그것을 체험할 수밖에 없기 때문이다. 문제는 어떻게 이 야망을 실현할 수 있는가인데, 이는 대상을 외부와 내부에서 동시에 파악하는 것 이상을 요구하는 문제이다. 왜냐하면 내부자의 파악(즉 원주민의 파악 혹은 적어도 원주민의 경험을 추체험한 관찰자의 파악)을 전체(un ensemble)의 요소들을 제공하는 외부자적 파악의 언어로 변환시키는 것이 관건이기 때문이다. 이 때 전체는 체계적이고 정합적인 방식으로 제시될 때만 유효할 수 있다.

　이 과제가 실현되려면 사회과학이 거부하는 객관적인 것과 주관적인 것 사이의 구분이 물리학에서 수용되는 것처럼 엄격해서는 안 된다. 정확히 말해 물리학은 구분이 엄격하기를 바라면서 잠정적으로 받아들이는 것이고, 사회과학은 구분이 단지 모호할 뿐이기에 결정적으로 거부하는 것이다. 이 차이는 무엇을 의미하는가? 주관과 객관의 구분이 이론적으로 불가능하며, 바로 그렇기에 실제로는 더욱더 구분할 수 있다는 것, 그리하여 적어도 관찰의 규모에 비춰봤을 때 두 항 중 하나가 무시할 만한 수준이 될 정도로 구분을 계속할 수 있다는 것을 의미한다. 대상과 주체의 구분이 일단 설정되고 나면 주체 자신도 같은 방식으로 양분될 수 있고, 이 과정은 주체가 무(無)로 환원됨 없이 무한히 계속될 수 있다. 이러한 과정을 통해 사회학적 관찰은 앞선 단락에서 극복 불가능한 것처럼 제시되었던 이율배반에서 **빠져나온다**. 자신을 무한히 대상화할(s'objectiver) 수 있는 주체의 능력, 다시 말해 (주체로서 자신을 완전히 폐지하지 않고) 끝없이 점감(漸減)해 분할되어

나가는 자기 자신을 외화할 수 있는 주체의 능력 덕분에 사회학적 관찰은 이율배반을 벗어난다. 주체와 대상이라는 두 항의 존재가 전제되는 한, 이러한 분할은 적어도 이론상으로는 무한히 계속될 수 있다.

  몇몇 나라들에서 민족지학은 사회인류학이나 문화인류학이라는 이름으로 불리면서 새로운 인본주의를 고취하는 역할을 이미 수행하고 있다. 이는 인간과학에서 민족지학이 차지하고 있는 각별한 자리를 보여주는데, 이러한 지위는 민족지학이 주체의 무한한 대상화 과정(개인 수준에서 달성하기는 매우 어려운 과정)을 실험적이고 구체적인 형태로 제시해 준다는 사실에서 비롯된다. 지구 상에 존재했거나 존재하고 있는 수천 개의 사회들은 인간 사회이며, 그런 이유로 우리는 이 사회들에 주관적으로 참여한다. 우리가 그 가운데 어디서나 태어날 수 있었던 것처럼, 우리는 어떤 사회든 정말 태어났던 곳으로 이해하려고 애쓸 수 있다. 동시에 전체로서 이들 사회는, 그중 어느 하나와 견줘볼 때, 사실상 무한히 자신을 대상화할 수 있는 주체의 능력을 입증한다. 왜냐하면 준거가 되는 사회는 전체의 극히 작은 부분에 불과하지만, 그 자체가 항상 서로 다른 두 사회로 분할되기 때문이다. 그렇게 되면 그중 하나는 다른 하나의 관점에서는 언제나 대상인 것들로 이루어진 거대한 집적에 합류할 것이다. 이런 식의 과정이 무한히 반복

된다. 우리 사회와 다른 모든 사회는 대상이고 우리 사회 안에서 내가 속한 집단을 제외한 모든 집단도 대상이며, 우리 집단의 관습 중 내가 동조하지 않는 모든 관습도 대상이다. 이러한 대상들(objets)의 무한한 계열이 민족지학의 거대한 대상(l'Objet)을 구성한다. 만일 습속과 관습의 다양성을 통해 이 거대한 대상이 이미 분할된 상태로 주체에게 나타나지 않았더라면, 주체는 그것을 자신에게서 고통스럽게 떼어내야만 했을 것이다. 그러나 이러한 분리의 상처가 역사적 혹은 지리적으로 봉합되더라도 주체는 이 모든 대상이 애초에 자신으로부터 비롯되었다는 사실, 또 아무리 객관적으로 분석되더라도 이 대상들이 결국 자신의 주관성 안에 재통합되리라는 사실을 (자기 노력의 결과를 헛되게 할 위험을 무릅쓰면서) 잊어버리지 않을 것이다.

*

*　　*

민족지학자가 뛰어든 이 같은 [주관성과 객관성의] 동일화(identification) 작업에는 **착각**의 희생양이 될 비극적 위험이 항시 도사리고 있다. 그가 도달한 주관적 파악과 원주민의 주관적 파악 사이에는 그 주관성을 제외하면 아무런 공통점도 없을 수 있기 때문이다. 주관적인 것은 가정상 비교될 수도 없고 소통될 수도 없으므로, 이러한 곤란이 해소되려면 객관적인 것과 주관적인 것이 서로 만나는 영역, 곧 무의식의 영역에서 자기와 타인 사이의 대립이 극복되어야 한다. 한편으로 무의식적 활동의 법칙은 언제나 주관적 파악의 범위 밖에 있다(우리는 그 법칙을 인식할 수 있되, 오직 대상[objet]으로서만 그러하다). 그러나 다른 한편 바로 이 법칙이 주관적 파악의 방식을 결정한다.

따라서 사회학과 심리학의 긴밀한 협력의 필요성을 확신했던 모스가 무의식에 줄곧 호소했던 것은 놀랄 일이 아니다. 무의식은 사회적 사실들의 공통적이면서 특수한 성격을 규정한다. "종교와 언어에서처럼 주술에서도 무의식적 관념이 작용한다." 이 인용구의 출처인 주술에 관한 논고에서, 모스는 여전히 주저하면서도 "우리 언어와 사고의 경직된 추상적 범주"를 대신해 "성인 유럽인의 지성"에 낯선 "비지성주의적 심리학"의 견지에서 민족지적 문제를 정식화하려고 노력한다. 그런데 훗날 레비브륄(Lucien Lévy-Bruhl)[45]이 주장하게 될 전논리적 사고

---

45 (옮긴이) 뤼시앵 레비브륄(Lucien Lévy- Bruhl, 1857~1939)은 프랑스의 철학자이자 사회학자로서 주로 원시적 심성에 관한 연구에 몰두했으며, 마르셀 모스와 함께 파리대학에 민족학연구소를 창립해 직업적 민족학자의 교육과 양성에 크게 기여했다. 그는 원시적 심성이 드러내는 표상들 간의 결합관계는 전논리적 특성을 지닌다

(prélogisme)를 모스가 이 논고에서 선취했다고 보는 것은 커다란 오류일 것이다. 모스는 결코 그런 주장에 동의하지 않았으리라. 오히려 모스의 진의는 마나(mana) 개념과 관련해 그가 행한 시도에서, 즉 "무의식적 범주"와 "집합적 사유의 범주"라는 두 개념이 동의어가 될 지평(말하자면 정신의 "제4차원")에 도달하려는 시도에서 찾아야 한다.

따라서 이미 1902년에 모스가 "요컨대 주술적 속성들에 대한 표상에 도달하자마자 우리는 언어와 유사한 현상과 마주하게 된다"고 확언했을 때 그는 문제를 정확히 파악하고 있었던 셈이다. 왜냐하면 그 이후 언어학, 특히 구조언어학을 통해 우리는 정신생활을 규정하며 그 가장 일반적 형태들을 결정하는 근본적 현상이 무의식적 사고의 층위에 자리 잡고 있다는 생각에 익숙해졌기 때문이다. 따라서 무의식은 자기와 타인을 매개하는 항이라 할 수 있다. 무의식의 소여를 깊이 파고들 때, 우리는 이른바 우리 자신 속으로 침잠하는 것은 아니다. 그때 우리는 우리와 전혀 무관하다고는 할 수 없는 수준에 도달한다. 이는 거기에

고 보면서 현대적 정신세계의 논리적 사고는 집단적 정신에 대한 개인적 정신의 반발에서 비롯된 것이라고 주장하였다. 『열등한 사회의 정신적 기능』, 『원시인의 신비적 경험과 상징』 등의 저서를 남겼다.

우리 각자의 가장 은밀한 자아가 숨어 있기 때문이기도 하지만, (그보다 더 일반적으로) 그 수준에서 우리는 우리 자신을 벗어남 없이 **우리 것**이면서 동시에 **타인의 것**이기도 한 활동 형태를 따르기 때문이다. 바로 이 활동 형태가 모든 시대, 모든 인간의 모든 정신적 삶을 조건 짓는다. 따라서 정신 활동의 무의식적 형태를 파악하는 작업은 (객관적일 수밖에 없음에도) 주관화로 향하게 된다. 하나의 같은 작업을 통해 두 가지가 동시에 가능하기 때문이다. 이 작업이 정신분석학에서 이루어지면 우리는 자신의 가장 낯선 자아를 되찾을 수 있으며, 민족지적 탐사에서 이루어지면 우리에게 가장 낯선 타인을 마치 또 다른 자기 자신처럼 접근할 수 있다. 두 경우 모두 같은 문제가 제기된다. 때로는 주관적인 **자기**와 객관화하는 **자기** 사이, 때로는 객관적인 **자기**와 주관화된 **타자** 사이의 커뮤니케이션 추구라는 문제가 바로 그것이다. 두 경우 모두 문제 해결의 열쇠는 이러한 만남의 무의식적 경로를 가장 엄격하고 실증적으로 연구하는 데 있다. 그 경로는 한편으로 인간 정신의 선천적 구조 속에서 다른 한편으로 개인 혹은 집단의 특수하고 비가역적인 역사 속에 결정적으로 새겨져 있다.

따라서 민족학의 문제는 궁극적으로 커뮤니케이션의 문제이다. 이것만으로도 **무의식적인 것**과 **집합적인 것**을 동일시하며 모스가 따랐던 길을, 그와 유사하게 보이는 융[46]의 길과 완전히 분리할 수 있다. 왜냐하면 무의식을 집합적 사고의 범주로 정의하는 일과 무의식을 그 내용이 개인적인지 집합적인지에 따라 여러 구역으로 나누는 일은 다르기 때문이다. 두 경우 모두 무의식은 상징적 체계로 파악되지만, 융의 무의식은 체계로 환원되지 않는다. 융에게 무의식은 상징뿐 아니라 그 토대를 형성하는 상징화된 사물로도 가득 차 있다. 이 토대는 선천적이거나 후천적일 것이다. 그런데 전자의 경우, 경험의 내용이 경험에 선행한다는 설정은 목적론적 가설에 의존하지 않고서는 불가능하다. 후자의 경우에는 획득형질의 유전이라는 생물학적 난제에 비견될 만한 가공할 문제가 후천적 무의식의 유전에 대해 제기될 것이다. 사실 관건은 외적 소여를 상징으로 번역하는 데 있지 않다. 사물들은 상징체계를 벗어나는 순간 소통 불가능해진다. 따라서 사물들을 상징체계라는 본성으로 되돌리는 것이 관건이다. 언어와 마찬가지로 사회

---

46 (옮긴이) 칼 융(Carl Gustav Jung, 1875~1961)은 분석심리학을 창시한 스위스의 정신의학자·정신분석가이다. 프로이트의 중요한 협력자 중 하나였으나, 리비도의 성적 기원에 대한 이견으로 프로이트 학파와 결별한 후 독자적으로 무의식 세계를 탐구했다. 심리의 원형(原型)에 대한 연구, 개인무의식과 구분되는 집단무의식에 대한 연구로 널리 알려져 있으며, 이 가운데 인류학, 종교학, 신화학 등의 학문과 상호영향을 주고받았다. 저서로는 『심리 유형학』, 『인간과 그의 상징』, 『레드 북』 등이 있다.

적인 것 역시 독자적 실재**이다**. 게다가 둘은 같은 실재이다. 상징은 그것이 상징하는 것보다 더 실재적이며, 기표(signifiant)는 기의 (signifié)에 선행하고 그것을 결정한다. 이 문제는 마나와 관련해서 다시 살펴볼 것이다.

우리를 바로 이러한 길로 인도한다는 데 『증여론』의 혁명적 성격이 있다. 『증여론』이 밝힌 사실들은 실상 새로운 발견에 속하지 않는다. 『증여론』이 발표되기 2년 전 다비[47]는 보아스[48]와 스완턴[49]의 조사에 기초해 포틀래치를 분석하고 논의했으며, 모스 자신도 1914년 이전부터 강의를 통해 이들 자료의 중요성을 강조했다. 『증여론』 전체는 역시 2년 전에 출간된 『서태평양의 항해자들』로부터 직접적인 영향을 받았는데, 이 책에서 말리노프스키는

---

[47] (옮긴이) 조르주 다비(Georges Davy, 1883~1976)는 뒤르켐 학파에 속하는 프랑스 사회학자로서 법사회학 전통에서 여러 업적을 남겼다. 특히 모스의 지도하에 작성된 박사학위 논문인 「맹세한 서약(La foi jurée)」에서 포틀래치를 법적 현상으로 접근하면서 논쟁적 견해를 제시한 것으로 유명하다. 마르셀 모스는 『증여론』에서 다비의 이러한 견해를 여러 차례 비판적으로 인용한다.

[48] (옮긴이) 프란츠 보아스(Franz Boas, 1858~1942)는 미국의 인류학자로 북아메리카 인디언에 관한 집약적 실지조사를 하여 많은 업적을 남겼으며 훗날 기능주의적 현지 연구에 큰 영향을 미치게 될 여러 기초 개념을 고안했다. 저서로는 『원시인의 심성』, 『원시인의 사고와 감정』, 『인종, 언어, 그리고 문화』 등이 있다.

[49] (옮긴이) 존 스완턴(John R. Swanton, 1873~1958)은 미국의 인류학자로 하이다족, 클링기트족, 촉토족 등 여러 북아메리카 토착민 집단의 신화와 종교 관습 등을 연구했다.

독자적으로 모스와 아주 가까운 결론에 도달한다.[50] 이러한 유사성으로 인해 멜라네시아 원주민들이 호혜성에 관한 현대적 이론의 진정한 저자로 보일 정도이다. 그렇다면 『증여론』의 무질서한 페이지들이 가진 놀라운 힘은 도대체 어디에서 나오는 것일까? 여전히 초고에 머무르지만 거기에는 감각적 인상에 기초한 묘사와 본문을 짓누르는 주석 속에 압축된 박식함이 참으로 절묘하게 병렬되어 있다. 게다가 아메리카, 인도, 켈트족, 그리스, 오세아니아에 관한 참고문헌들, 하나같이 변함없는 설득력을 갖춘 참고문헌들을 우연히 찾아 모으게 해준 영감이 이 박식함을 채우고 있다. 데카르트를 처음 읽었을 때를 회상하면서 말브랑슈가 그토록 잘 묘사했던 온갖 종류의 감정을 느끼지 않은 채 『증여론』을 읽은 사람은 거의 없을 것이다. 즉 가슴은 뛰고 머리는 끓어오르며, 정신은 과학의 진보에서 결정적인 한순간을 목도하고 있다는 불가해하지만 절대적인 확신에 사로잡히는 감정 말이다.

경험적 관찰을 넘어 더 근원적 실재에 도달하려는 노력이 이루어진 것은 민족학적 사유의 역사에서 처음 있는 일이었다. 처음

---

50 이와 관련해서는 『미개사회의 범죄와 관습(*Crime and Custom in Savage Society*)』(New York-Londres, 1926)에 나오는 말리노프스키의 주석(p. 41, n. 57)을 참조.

으로 사회적인 것은 순수 질(qualité pure)의 영역[감정 · 감각 · 경험 등 측정 불가능하고 주관적인 질의 영역]에 속하는 일화, 진기한 사실, 도덕적 훈계나 해박한 비교 연구에 쓰이는 소재이길 멈추고 하나의 체계가 된다. 이제 그 체계의 부분들 사이에서 연관성, 등가관계, 상호의존성을 찾아낼 수 있다. 먼저 기술적, 경제적, 의례적, 미적, 종교적 활동을 포괄하는 사회활동의 산물들(도구, 수공업품, 식료품, 주문[呪文], 장식품, 노래, 춤, 신화)이 일정한 양식에 따라 이전(transfert) 가능하다는 공통된 특성에 의해 서로 비교될 수 있다. 이전 양식을 하나하나 분석하고 분류하는 것도 가능하다. 하지만 특정 유형의 가치들과 떼려야 뗄 수 없는 것처럼 보이더라도 그 양식들은 모두 더 근본적이고 일반적인 형식으로 환원될 수 있다. 한편 사회적 산물들은 비교될 수 있을 뿐만 아니라 대체될 수 있는 것이기도 하다. 상이한 가치들이 동일한 이전을 통해 서로를 대신할 수 있기 때문이다. 무엇보다도 사회생활의 여러 사건(출생, 입사의례, 결혼, 계약, 죽음 또는 상속) 속에서 이전 활동이 아무리 다양하게 드러나더라도, 또 거기에 연루된 사람들(신입회원, 중개자, 증여자)의 수와 배역이 아무리 임의적이더라도, 이전 활동들은 언제나 더 적은 수의 활동과 집단 또는 사람으로 환원될 수 있다. 결국 남는 것은 주어진 사회의 유형에 따라 다채롭게 구상되고 다양하게 실현된 균형(équilbre)의 기본항들이다. 그러므로 사회의 유형은 이러한 내재적 특성에 의해 정의되고 서로 비교될 수 있다. 왜냐하면 이 특성은 이제 어떤 질적 차원이 아니라 어느 사회 유형에서든 일정하게 유지되는 요소들의 수와 조합에 놓여 있기 때문이다. 이 방법이 열어준 가능성을 그 누구보다 잘 이해하고 이용할 줄 알았던 퍼스의 저작에서 하나의 예를 들어보자.[51] 폴리네시아에서 결혼은 수십 명, 심지어 수백 명이 연루된 끝없는 잔치와 선물을 동반하는데, 이 과정은 경험적으로 기술하기 힘들 정도로 복잡하다. 그러나 실제로는 변함없는 관계를 맺는 다섯 가계 (lignées) 사이의 서른 혹은 서른다섯 차례의 급부로 온갖 잔치와 선물을 분석할 수 있으며, 이를 다시 가계 A와 B, A와 C, A와 D, A와 E 사이의 네 가지 호혜적 사이클로 분해할 수 있다. 전체 과정은 B와 C, E와 B 또는 D, 그리고 E와 C 사이의 사이클을 배제하는 사회구조의 특정 유형을 표현하는데, 다른 형태의 사회에서는 여기서 배제된 사이클이 오히려 가장 중요한 자리를 차지할 수도 있다. 이 방법은 매우 엄격하게 적용되므로, 그렇게 얻은 방정식의 해에 오류가 있다면 이는 계산의 착오보다는 원주민의 제도에 대한 지식의 결함 때문일 것이다. 가령 방금 언급한 예에서 A와

---

51 Raymond Firth, *We, The Tikopia*, New York, 1936, chap. xv; *Primitive Polynesian Economics*, Londres, 1939, p. 323.

B 사이의 사이클은 대가 없는 급부에서 시작하는데, 이는 그 전에 어떤 일방적 행위가 일어났음을 암시한다. 따라서 그 일방적 행위가 알려지지 않았다면 대가 없는 급부가 그것을 찾아내도록 우리를 이끌었을 것이다. 지금 논의하고 있는 사회에서는 혼례와 직접 연관되지만 혼례에 선행하는 행위, 즉 신부의 납치가 바로 이 일방적 행위에 해당한다. 원주민들이 말하듯이 첫 번째 급부는 이 납치에 대한 '보상'이다. 그러므로 문제의 사실이 관찰되지 않았다면 우리는 그것을 연역했을 것이다.

이러한 연산법이 트루베츠코이[52]와 야콥슨[53]이 구조언어학을

---

[52] (옮긴이) 니콜라이 트루베츠코이(Nikolai Trubetzkoy, 1890~1938)는 러시아 태생의 언어학자로 현대 음운론의 혁신을 이끈 프라하 학파의 공동 작업에서 중추적 역할을 담당했다. 사후 출간된 『음운론의 원리』는 언어학사에서 가장 중요한 고전 중 하나로 손꼽히는데, 음소의 변별적·대립적 자질 분석을 통해 언어의 내재적 규칙을 드러낸다는 연구 지향은 향후 다양한 층위의 언어적 실재를 탐구하는 구조주의의 일반적 목표를 이루게 된다. 레비스트로스는 「언어학과 인류학에서 구조 분석(L'analyse structurale en linguistique et en anthropologie)」(1945)이라는 논문에서 "가령 핵물리학이 정밀과학 전체에 대해 행한 혁신적 역할을 음운론이 사회과학에 대해 수행하게 될 것"이라고 주장하면서, 트로베츠코이가 제시한 음운론의 방법론적 특징들을 일별한다.

[53] (옮긴이) 로만 야콥슨(Roman Jakobson, 1896~1982)은 러시아 태생의 언어학자로 트루베츠코이 등과 함께 프라하 학파로 불리는 연구 집단을 형성해 현대 음운론의 발전에 결정적인 기여를 하였다. 1941년 미국에 망명한 레비스트로스는 같은 상황에 있던 야콥슨과 깊은 지적 교류를 나눴으며, 이를 통해 향후 친족체계와 신화체계 연구에 원용될 구조주의 분석 방법을 확립하게 된다. 언어학의 여러 분야는 물론 시,

창시했을 때 사용한 방법과 매우 가깝다는 사실에 주목할 수 있다. 모스가 『증여론』을 썼던 바로 그 시기에 트루베츠코이와 야콥슨은 이 방법을 가다듬고 있었는데, 거기서도 문제는 과학적 분석이 미치지 않는 순전히 현상학적 소여를, 그보다 훨씬 단순함에도 소여의 온갖 현실성을 떠받치는 하부구조와 구별하는 것이었다.[54] '임의적 변이음(variantes facultatives)', '결합 변이음(variantes combinatoires)', '음소 연쇄의 항(termes de groupe)' 및 '중화(neutralisation)'라는 개념 덕분에 음운론적 분석은 몇 안 되는 불변의 관계만으로 언어(langue)를 정의할 수 있었다. 음성 체계가 다양하고 외관상 복잡하더라도 그것은 이 불변의 관계들로 조합할 수 있는 음역(gamme)만 보여준다.

음운론이 언어학에 대해 그랬던 것처럼 『증여론』은 사회과학의 새로운 시대를 열었다. 이 두 사건(불행히도 모스에게는 초안 상태로 남아 있다)의 중요성에 비할 만한 것은 현대 수학에서 조합론의

음악, 영화 등의 예술 장르를 아우르는 야콥슨의 방대한 저술은 레비스트로스, 노엄 촘스키, 롤랑 바르트 등의 매개를 거쳐 20세기 후반부의 인문·사회과학에 전방위적 영향력을 행사했다.

54 트루베츠코이의 『음운론의 원리(*Grundzüge der Phonologie*)』(1939)와 캉티노 (Jean Cantineau)의 불역본(*Principes de Phonologie*, 1939) 부록에 실린 야콥슨 의 논문들을 참고.

발견 정도일 뿐이다. 하지만 모스는 자신의 발견을 적극적으로 활용하려고 시도하지 않았으며, 그 결과 말리노프스키(그는 이론가이기보다 훌륭한 관찰자로 봐야 하는데, 그렇다고 해서 그의 명성에 흠집이 나는 것은 아니다)가 『증여론』과 똑같은 자료, 유사한 결론에 기초해 단독으로 상응하는 체계를 고안하도록 부지불식간에 부추기는 데 그치고 말았다. 이는 현대 민족학의 가장 큰 불행 중 하나이다.

만일 모스가 자신의 학설을 발전시킬 의도가 있었다고 해도 어떤 방향으로 나아갔을지는 알기 어렵다. 다만 그의 마지막 저작 중 하나이고 이 책 『사회학과 인류학』에도 수록된 「사람의 개념」을 보건대, 서두르는 바람에 부주의하게 논증한 흔적이 곳곳에 있긴 해도 이 글에서 모스는 『증여론』에서 공시적 현상에 적용했던 치환의 기술을 통시적 질서로 확장하려는 의도를 드러낸다. 이런 의도가 우리의 주된 관심을 끈다. 그래도 어쨌든 모스는 체계를 구성하는 작업을 밀고 나가는 데 어려움을 겪었을 것이다. 그 이유는 곧 살펴보겠지만, 분명한 것은 말리노프스키와는 달리 모스는 체계에 퇴행적 형태를 부여하지 않았으리라는 점이다. 모스는 대수학의 예를 따라 **기능**(fonction)이라는 개념을 사회적 가치들이 서로의 **함수로**(en fonction) 인식될 수 있다는 의미로 이해한다. 반면 말리노프스키는 이 개념을 관습과 제도가 사회에 줄 수 있는 실질적 도움이라는 소박한 경험주의적 의미로 사용한다. 모스가 현상들 사이의 **불변하는 관계**를 염두에 두고 그것들을 설명했다면, 말리노프스키는 현상들을 정당화하기 위해 그것들이 **어디에 쓸모 있는지**를 물을 뿐이다. 이런 식의 문제 제기는 과학적 가치가 없는 가정들을 짜 맞추어 재도입함으로써 지금까지의 모든 학문적 진보를 무너뜨린다.

이에 반해 최근 사회과학의 발전은 모스의 문제 제기 방식이 근거를 갖춘 유일한 것임을 증명한다. 한편 이 발전으로 사회과학의 점진적 수학화(mathématisation)라는 전망이 열리게 되었다. 가령 친족과 같은 사회과학의 핵심 영역에서, 모스가 단호히 주장했던 언어와의 유비 덕분에 어떤 사회에서나 찾아볼 수 있는 호혜성 사이클을 형성하는 정확한 규칙들을 발견할 수 있었다. 또한 그 사이클의 역학 법칙이 알려진 이후에는 완전히 임의성에 종속된 것처럼 보이는 영역에서도 연역적 추론을 사용할 수 있게 되었다. 다른 한편, 언어학에 점점 더 밀접히 결합하고 있는 사회인류학은 언젠가 언어학과 함께 방대한 커뮤니케이션 과학을 이룰 것으로 보인다. 실제로 커뮤니케이션 현상 연구에 수학적 추론을 적용함으로써 사회인류학은 언어학 앞에 펼쳐진 엄청난 전망으로부터 혜택을 받고 있다.[55] 이미 형태학적 분야에서든 예술 또는 종교 분

---

55 위너(Nobert Wiener)의 『사이버네틱스(*Cybernetics*)』(1948), 섀넌(Claude

야에서든 민족학적·사회학적 문제 상당수가 수학자들의 선의만 기다리고 있다. 그들과의 협력을 통해 민족학자들은 문제의 해결은 아닐지라도 해결을 위한 조건인 예비적 통일을 향한 결정적인 진보를 실현할 수 있을 것이다.

Shannon)과 위버(Warren Weaver)의 『커뮤니케이션의 수학적 이론(*The Mathematical Theory of Communication*)』(1948)을 참조.

III

　언약의 땅으로 자신의 백성을 인도했으나 그 영광을 미처 보지 못했던 모세처럼 모스 역시 엄청난 가능성의 언저리에서 멈추고 말았다. 비판하려는 의도가 아니라 그의 가르침 중 가장 비옥한 부분을 간과하거나 훼손해서는 안 된다는 의무감으로 그 이유를 찾아 나서야 한다. 모스가 통과하지 못한 결정적 지점이 분명 어딘가 있을 것이다. 바로 그 지점이 우리가 모스로부터 기대했던 20세기 사회과학의 **노붐 오르가눔**―모스는 이를 위한 모든 실마리를 가지고 있었다―이 파편화된 형태로 드러날 수밖에 없었던 이유를 밝혀줄 것이다.

　『증여론』에서 전개된 기묘한 논증에서 모스가 부딪힌 어려움이 무엇인지 알려줄 단서를 찾을 수 있다. 모스는 교환이 외견상 서로 이질적인 많은 사회활동의 공통분모라는 논리적 확실성에 정당하게 사로잡혀 있었지만, 이 교환을 사실의 수준에서 인식할 수는 없었다. 경험적 관찰은 교환이 아니라 모스 자신이 말하듯

"주고, 받고, 돌려줄 세 가지 의무"만 드러낼 뿐이다. 이론적으로는 모든 면에서 마땅히 구조가 있어야 함에도, 경험적으로는 구조의 조각들, 흩어져 있는 부분들 혹은 요소들만 주어진다. 교환이 필요 불가결하되 주어져 있지 않다면, 그것을 구성해야만 한다. 어떻게? 모스는 유일하게 드러난 각각의 고립된 부분에 어떤 에너지원을 주입해 그것들을 종합하려고 한다. "우리는 (…) 교환된 사물들 안에 (…) 선물을 순환하게 하고, 주어지게 하고, 답례되게 하는 효력(vertu)이 있음을 증명할 수 있다." 하지만 바로 여기에서 어려움이 시작된다. 이 효력은 교환된 재화의 물리적 속성처럼 객관적으로 존재하는가? 물론 그렇지 않다. 이는 사실 불가능한데, 왜냐하면 비단 물리적 대상만이 아니라 높고 낮은 직책이나 특권처럼 물질적 재화와 동일한 사회학적 기능을 지닌 것도 교환되기 때문이다. 따라서 이 효력은 주관적으로 파악해야 한다. 그러나 이 경우 우리는 다음과 같은 양자택일에 직면한다. 만약 이 효력이 원주민의 사고에 표상된 교환행위 자체와 다르지 않다면, 우리는 순환 논리 안에 갇히게 될 것이다. 반면 효력이 그와는 다른 성질의 것이라면, 교환행위는 이 효력과 관련해 부차적 현상이 되어버린다.

딜레마를 피하기 위한 유일한 방법은 근원적 현상은 교환 그 자체이지 사회생활 속에서 분할되어 나타나는 교환의 불연속적인 개별 작용들(opérations discrètes)이 아님을 깨닫는 것이었다.

다른 곳에서와 마찬가지로 특히 이 지점에서 모스는 『주술의 일반이론 개요』에서 자신이 공식화한 원칙 — "전체의 통일성은 그 각각의 부분들보다 더 실재적이다" — 을 적용했어야 했다. 그러나 정반대로 『증여론』에서 그는 부분들을 가지고 전체를 재구성하려고 애쓴다. 이 일이 명백히 불가능했기에 모스는 부분들을 혼합한 다음 거기에 무언가를 추가함으로써 전체를 재구성했다는 환상에 빠지고 만다. 이 추가적 보충물이 바로 하우(*hau*)[56]이다.

여기서 우리는 원주민에게 현혹된 민족학자의 (그리 드물지 않은) 사례 중 하나를 보고 있는 것은 아닐까? 물론 존재하지도 않는 원주민 '일반'이 아니라, 많은 전문가들이 문제를 숙고하고 질문을 제기하고 해답을 찾으려던 와중 특정 원주민 집단에게 현혹당한 사례 말이다. 모스의 경우, 그는 자신이 세운 원칙을 끝까지 밀고 나가는 대신, 분명 민족지적 자료로서 엄청난 가치를 지녔음에도 그저 하나의 이론에 불과한 [하우에 대한] 뉴질랜드 현지 이론

---

56   (옮긴이) '하우'는 '주어진 사물의 영(esprit)'을 뜻하는 용어로 마오리족의 현자 타마티 라나이피리(Tamati Ranaipiri)가 그에게 자문했던 인류학자 엘스던 베스트(R. Elsdon Best)에게 들려준 이야기에 등장한다. 모스는 『증여론』에서 하우를 선물에 깃든 증여자의 '영혼'이자 증여자가 준 선물에 응답하게 만드는 '힘'으로 파악한다. 모스의 이러한 해석은 주고 받고 답례해야 할 의무의 속성에 관한 많은 논쟁을 촉발하게 된다.

에 찬동해버린다. 마오리족 현자들이 어떤 문제를 처음 제기했고 그에 대한 해결책을 제시한 것은 맞다. 그들의 해석이 매우 불만족스럽지만 극히 흥미로운 것도 사실이다. 그렇다고 해서 그들의 해석에 굴복해야 할 이유는 없다. 하우는 교환의 궁극 원인이 아니다. 하우는 교환을 특별히 중요하게 여기는 특정 사회 사람들이 교환의 무의식적 필연성을 파악하는 의식적 형태이지 그 필연성의 이유가 아니다.

모스는 가장 결정적인 순간에 소심하게 주저한다. 그는 원주민의 이론을 묘사해야 할지 아니면 원주민의 현실에 대한 이론을 구성해야 할지 정확히 결정하지 못한다. 사실 모스에게도 충분히 그럴 만한 이유가 있었다. 왜냐하면 우리의 범주와 문제에 따라 구상된 이론보다 원주민의 이론이 원주민의 현실과 훨씬 더 직접적인 관계를 맺기 때문이다. 따라서 모스가 애니미즘이나 신화 혹은 관여(participation)[57] 같은 서구적 개념에 의존하지 않고 뉴질

---

57 (옮긴이) 관여 혹은 '신비적 관여(participation mystique)'는 레비브륄이 원시적 정신세계의 특성을 논하는 과정에서 제안한 개념으로, 서구인의 관점에서는 혼동될 수 없는 상이한 존재들 사이에 공통의 본성 또는 존재론적 동일성을 가정하는 사고방식을 가리킨다. 예컨대 보로로족의 남자들이 스스로를 앵무새로 간주하거나 호주 원주민들이 자신들을 특정한 동식물 종과 동일시할 때, 또는 적이 남긴 발자국을 적 자체와 같은 것으로 여기고 거길 향해 창을 던질 때 관여가 관찰된다. 레비브륄이 보기에 원시인들에게 있어 "존재한다는 것은 관여하는 것이다." 한편 관여는 융의

랜드나 멜라네시아의 이론에 입각해 민족지적 문제를 해결하려 한 점은 그가 글을 쓰던 시점에서 매우 커다란 진보라고 할 수 있다. 하지만 원주민의 것이든 서구의 것이든 이론은 그저 이론일 뿐이다. 푸에고 제도 원주민이든 호주 원주민이든 당사자들이 믿는 것과 그들이 실제로 생각하거나 행하는 것 사이에는 언제나 상당한 거리가 있기에, 이론은 기껏해야 진입로를 제공할 수 있을 뿐이다. 일단 토착 개념을 확보한 다음 거기에 객관적 비판을 가해 그 힘을 떨어뜨려야 한다. 그렇게 해야 비로소 숨겨진 실재에 접근할 수 있다. 이러한 실재가 의식의 가공물 속에서 발견될 가능성은 거의 없다. 그것은 무의식적 정신구조 속에서 찾을 수 있으며, 우리는 제도들을 통해, 무엇보다 언어 안에서 이러한 구조에 더 잘 가닿을 수 있다. 하우는 원주민들의 [의식적] 성찰의 산물이다. 그러나 실재는 일정한 언어적 특성에서 더 분명히 드러난다. 모스도 이 특성을 지적했지만 거기에 합당한 중요성을 부여하지는 않았다. "파푸아어와 멜라네시아어는 구입과 판매, 융자와 차용을 하나의 단어로 지시한다. 상반된 작용이 같은 단어로 표현된다." 하지만 바로 여기에

집단무의식 개념에 영감을 제공한 것으로, 융은 상이한 것들 사이에 동일성을 설정하는 신비적 관여를 주체와 객체 간의 구분이 부재하는 무의식의 원초적 상태를 보여주는 것으로 이해한다.

문제의 작용이 실제로는 '상반된' 것이 아니라 같은 실재의 두 가지 표현양식일 뿐이라는 증거가 있다. 대립(antithèse)이 존재하지 않으므로 종합(synthèse)을 이루게 할 하우도 필요하지 않다. 대립은 민족지학자들의 주관적 환상일 뿐 아니라 때로는 원주민들의 환상이기도 하다. 원주민들이 자신에 대해 논의할 때(이는 자주 있는 일이다) 그들은 마치 민족지학자처럼, 더 정확하게는 사회학자처럼, 즉 자유롭게 토론할 수 있는 동료처럼 처신하기 때문이다.

모스의 사유를 이런 식으로, 즉 우리 눈에는 그저 불필요한 개입으로 보이는 주술적이거나 정서적 개념을 언급하지 않은 채 재구성하는 것에 대해 혹자는 우리가 모스를 지나치게 합리주의적 방향으로 몰고 간다고 비판할 수도 있을 것이다. 여기에는 다음과 같이 반론할 수 있다. 사회생활을 관계들의 체계로 파악하려는 노력이 『증여론』을 이끌고 있으며, 이는 저술 활동 초기부터, 즉 이 책 맨 앞에 실린 『주술의 일반이론 개요』부터 모스 자신이 명확하게 제시한 목표였다. 주술 행위를 판단의 일종으로 이해해야 한다고 주장한 이는 우리가 아니라 모스 자신이다. 분석판단과 종합판단 사이의 본질적 구분을 민족지적 논의에 도입한 이 역시 모스인데, 이 구분의 철학적 기원은 수학적 개념 이론[la théorie des notions mathématiques. 수리 논리학으로도 불린다]에서 찾을 수 있다. 그렇다면 이렇게 말할 수 있지 않을까? 모스는 판단의 문제를 고

전 논리학의 범주들을 통해서 파악했던바, 스스로 분명히 말했듯이 모스의 논증에서는 특정 개념들이 계사(copule)의 기능을 대신한다. "마나[58]는 (…) 명제에서 계사 역할을 수행한다." 하지만 만일 모스가 관계 논리학(logique des relations)의 견지에서 문제를 정식화했다면 계사의 기능을 대신했던 개념들, 즉 주술 이론에서 마나와 증여 이론에서 하우는 무효화되었을 것이다.[59]

58   (옮긴이) '마나'는 1891년 코드링턴(R. H. Codrington)의 저서 『멜라네시아인(*The Melanesians*)』에서 처음 소개된 용어로 비인격적이고 초자연적인 힘을 가리킨다. 이후 마나는 사물과 사람에 달라붙어 있다고 믿어지는 영적인 힘이나 상징적 효력의 전달체로서 인류학적 담론의 중심에 자리를 잡았고, 특히 원시종교에 관한 인류학 논쟁에서 마니투, 와칸, 오렌다와 같은 북미의 개념과 함께 규칙적으로 등장하는 용어가 된다.

59   (옮긴이) 『주술의 일반이론 개요』에서 모스는 모든 주술적 표상이 판단의 형식을 취한다고 가정한다. 가령, '구름은 수생(水生) 식물에서 피어오른 연기이다'와 같은 명제가 바로 그러하다. 그런데 칸트식의 용어로 말하자면, 이 명제는 '분석적 판단'도, '후험적(경험의존적) 종합판단'도 아니다. 주술사는 구름에 이미 연기가 내포되어 있다는 식으로 분석적 판단을 내린 것이 아니며, 이 주술적 판단의 진위가 개인들 사이에서 그때그때 이루어지는 경험에 따라 결정되는 것도 아니기 때문이다. 사실, 각각의 주술적 명제들에 대한 신념은 주술에 대한 '일반적' 신념, 구체적으로 마나의 힘에 대한 집단적 신념에 기초한다. 마나에 대한 집단적 신념은 모든 개별적 주술 경험에 선행하며, 몇 가지 관념들의 자의적 결합으로 이뤄진 주술적 표상들을 사람들의 희망에 맞게 연결해준다. 이런 점에서 모스는 주술적 판단을 "완벽에 가까운 선험적 종합판단"(M. Mauss, "Esquisse d'une théorie générale de la magie," *Sociologie et anthropologie*, Paris: PUF, 2013[1950], p. 117)으로 여긴다. 여기서 모스는 마나가 고전 논리학에서 말하는 계사(繫辭), 즉 주사(主辭)와 빈사(賓辭)를 연결하는 기능을 수행한다고 본다. 가령, '구름은 식물의 연기이다'에서 구름(주사)

『증여론』의 논증은 (적어도 서두에서만큼은) 20년 전 발표된 『주술의 일반이론 개요』의 논증을 되풀이한다. 이 사실만으로도 『주술의 일반이론 개요』를 본 선집에 포함한 이유가 정당화된다. 따라서 이른 출간 시기(1902년)를 고려하지 않고 이 논문을 평가하는 부당한 일은 삼가야 한다. 그때는 비교민족학 대부분이 단조로운 비교 방법, 즉 훗날 『증여론』에서 언급될 "모든 것을 뒤섞어

과 식물의 연기(빈사)라는 불연속적인 두 관념을 '신비스럽게' 이어주는 계사('이다') 역할을 마나가 맡는다는 것이다. 이처럼 모스는 마나의 신비스러운 역량에 호소하면서 연기가 구름에서 비를 내리게 한다는 주술적 판단의 성립 근거를 밝힌다. 그러나 레비스트로스에 따르면, 애초에 서로 결합할 수 없었던 불연속적 관념들(연기, 구름, 비)을 연쇄적으로 이어붙이기 위해 마나가 계사처럼 개입한다는 것은 마나의 신비화에 의존하는 설명, 즉 마나 안에서 마나를 사고하는 것에 불과하다. 레비스트로스는 연기와 구름을 동일시하는 사고가 무의식적 층위에서 어느 순간 성립했기에 이러한 주술적 판단이 가능하다고 추론한다. 모스는 "마나가 달라붙은 연기 = 구름"(같은 책, p. 120)이라는 등식으로 주술적 판단의 효력을 입증하려고 했지만, 사실 그보다 더 근본적인 무의식적인 사고의 층위에서는 마나가 개입될 필요 없이 '연기=구름'이라는 등식이 성립한다는 것이다. 연기와 구름의 무의식적 동일시로 인해 그 뒤에 이어지는 불연속적 관념들의 연합이 이루어지는 것이지, 마나의 신비로운 힘에 대한 집단적 지각과 믿음, 의지로 인해 그러한 것은 아니다. 여기서 레비스트로스는 마나의 개입을 무의식 수준에서 일어난 연기=구름의 관계에 대한 의식적 표현이자 주관적 반영에 불과하다고 주장한다.

서 제도들은 지역적 색채를 잃고 자료들은 풍미를 잃어버리게 만드는 완고한 비교 방법"을 포기하지 않았던 시기였다. 이 비교 방법을 장려했던 이는 정작 모스 자신이었는데, 그는 나중에야 방향을 돌려 "똑같은 본질적인 사실이라도 그것이 빈약하고 덜 발달한 사회보다 그야말로 최대한으로 과도하게 드러나서 훨씬 더 잘 관찰할 수 있는" 사회에 관심을 집중하기 시작했다. 하지만 『개요』는 모스 사유의 역사를 이해하고 그 몇 가지 일관성을 드러내 준다는 점에서 특별한 가치를 지닌다. 이는 모스 사상의 이해뿐 아니라 프랑스 사회학파(l'École sociologique française)의 역사 및 모스와 뒤르켐 사상의 정확한 관계를 평가하는 데 있어서도 마찬가지다. 『개요』에서 모스는 마나, 와칸(wakan), 오렌다(orenda)와 같은 개념 분석을 토대로 주술에 대한 전반적 해석을 구축하고, 이를 통해 자신이 인간 정신의 기본 범주로 간주한 것에 도달함으로써, 뒤르켐이 10년 뒤에 출간할 『종교생활의 기본형태』(1912)의 체계와 몇몇 결론을 선취한다. 『개요』는 모스가 뒤르켐의 사유에 얼마나 중요한 공헌을 했는지 보여주는바, 이를 통해 외삼촌[뒤르켐]과 조카[모스] 사이에서 이루어진 긴밀한 협력의 일면을 재구성할 수 있다. 『자살론』의 준비 과정에서 모스가 수행한 핵심적 역할이 말해주듯 둘의 협력은 민족지학의 영역에만 국한된 것은 아니었다.

그러나 가장 관심을 끄는 것은 『개요』의 논리적 구조이다. 『개요』는 전적으로 마나 개념에 기초하는데, 이 다리[마나]가 생긴 이래 그 밑으로 많은 물이 흘렀음[많은 논의가 있었음]은 주지의 사실이다. 이 흐름을 따라잡기 위해서는 우선 현장에서 획득한 최근의 성과와 언어학적 분석에서 비롯된 성과[60]를 『개요』에 통합해야 한다. 또한 이미 광범위해서 그리 조화롭지 않은 이 마나 개념군(群)에 남아메리카 원주민 사이에 매우 널리 퍼져 있는 모종의 마나 관념을 추가함으로써 마나 자체의 다양한 유형을 보충할 필요도 있다. 남아메리카의 마나는 실체적이고 대개 부정적 성격을 띠는데, 샤먼의 주술에서 이를 확인할 수 있다. 샤먼이 어떤 유체(fluide)가 사물 위에 내려앉는 모습을 연출하면 그 사물은 움직이거나 공중에 뜨는데, 이런 주술은 보통 해로운 효과를 낳는다고 여겨진다. 지바로족(Jivaro)의 차루마(tsaruma), 우리가 남비콰라

---

60 A. M. Hocart, "Mana," *Man*, n° 46, 1914; "Mana Again," *Man*, n° 79, 1922; "Natural and Supernatural," *Man*, n° 78, 1932; H. Ian Hogbin, "Mana," *Oceania*, vol. 6, 1935~1936; A. Capell, "The Word 'Mana': a Linguistic Study," *Oceania*, vol. 9, 1938; R. Firth, "The Analysis of Mana: an Empirical Approach," *Journal of the Polynesian Society*, vol. 49, 1940; "An Analysis of Mana," *Polynesian Anthropological Studies*, pp. 189~218, Wellington, 1941; G. Blake Palmer, "Mana, some Christian and Moslem Parallels," *Journal of the Polynesian Society*, vol. 55, 1946; G. J. Schneep, "El Concepto de Mana," *Acta Anthropologica*, vol. II, n° 3, Mexico, 1947; B. Malinowski, *Magic, Science and Religion*, Boston, 1948.

족(Nambikwara)에서 직접 연구한 난데(*nandé*),[61] 그밖에 암니아
파족(Amniapâ), 아파포쿠바족(Apapocuva), 아피나예족(Apinayé),
갈리비족(Galibi), 치키토족(Chiquito), 라미스토족(Lamisto), 차미쿠
로족(Chamicuro), 세베로족(Xebero), 야메오족(Yameo), 이키토족
(Iquito) 등에서 보고된 유사한 형태들[62]이 바로 이러한 마나에 해
당한다. 그렇다면 이와 같은 조정을 거친 후 마나 개념에 여전히
남아 있는 것은 무엇일까? 말하기 쉽지 않지만, 분명 마나 개념의
신성함은 훼손될 것이다. 때로 주장되는 것과는 달리, 모스와 뒤
르켐이 서로 멀리 떨어진 지역의 개념들을 한데 모아 하나의 범
주로 구성한 것은 오류가 아니다. 역사적 사실로 언어학적 분석
의 결과가 입증된다고 해도, 또 폴리네시아 **용어**(terme)인 마나가
인격신의 효력을 지시하는 인도네시아어의 먼 파생어로 드러난
다고 해도, 멜라네시아나 폴리네시아에서 이 용어가 내포하는 **관
념**이 더욱 정교한 종교적 사고의 잔재나 흔적이라고는 결코 말할

61 *La Vie familiale et sociale des Indiens Nambikwara*, Société des Américanistes,
Paris, 1948, pp. 95~98.

62 Alfred Metraux, "La causa y el tratamiento mágico de las enfermedades entre
los indios de la Region tropical Sud-Americana," *America Indigena*, vol.
4, Mexico, 1944; "Le shamanisme chez les Indiens de l'Amérique du Sud
tropicale," *Acta Americana*, vol. II, n°s 3 et 4, 1944.

Ⅲ

수 없을 것이다. 그 모든 지역적 차이에도 불구하고 마나, 와칸, 오렌다가 같은 유형의 설명을 제시한다는 것은 확실해 보인다. 따라서 그 유형을 구성하고 분류하고 분석하는 일은 정당하다.

마나에 관한 전통적인 입장이 봉착했던 난관은 또 다른 것으로 보인다. 1902년에 생각되었던 것과는 달리, 마나 유형의 개념은 너무 빈번하고 널리 퍼져 있으므로 이 개념이 보편적이고 항구적인 사고 형태가 아닌지 마땅히 의심해 볼 수 있다. 즉 이 형태가 특정 문명이나 인간 정신 진화의 소위 태곳적 혹은 반(半)태곳적 '단계들'을 특징짓는 것이 아니라, 사물 앞에 직면한 정신의 특정 상황과 상관관계를 맺고 있어서 그런 상황이 주어질 때마다 반드시 나타나게끔 되어 있는 것은 아닌지 말이다. 『개요』에서 모스는 알곤킨족(Algonkins)의 마니투(*manitou*)라는 개념을 타브네 신부(Père Thavenet)가 얼마나 예리하게 관찰했는지 인용한다.

마니투는 특히 아직 공통의 이름을 갖지 못한 모든 존재, 낯선 모든 존재를 가리킨다. 도롱뇽을 두고 한 여자가 무섭다면서 그것이 마니투라고 하자 사람들은 도롱뇽이라는 이름을 알려주면서 그녀를 놀려댔다. 외부 상인들이 지닌 진주는 마니투의 비늘이고, 경탄을 자아내는 모직물은 마니투의 가죽이다.

1938년 우리는 투피-카와이브(Tupi-Kawahib) 원주민 중 최초로 반쯤은 개화된 몇 사람을 만나 그들의 도움으로 부족의 어느 미지의 마을에 도착했다. 당시 그들은 우리가 보여준 빨간색 플란넬 천에 감탄하면서 이렇게 외쳤다. "O que é este bicho vermelho?"("이 빨간 녀석은 대체 무엇인가요?") 이는 원시적 애니미즘의 증거도 토착 관념의 번역도 아니라 단지 팔라 카보클로(falar cabóclo), 즉 브라질 내륙의 투박한 포르투갈어의 관용적 표현에 불과하다. 반면 1915년이 돼서야 처음으로 본 황소를 지칭하기 위해 남비콰라족이 사용한 아타수(atásu)라는 명칭은 원래 별을 가리키는 것으로, 알곤킨족의 마니투와 아주 유사한 함의를 가진다.[63]

이와 같은 동류화(assimilations)가 그리 특별한 것은 아니다. 보다 조심스러운 방식으로 프랑스인들 역시 이러한 동류화를 실천에 옮긴다. 미지의 것 또는 그 용도가 불분명한 대상, 아니

---

63 C. Lévi-Strauss, *La Vie familiale*, etc., l. c., pp. 98~99 ; "The Tupi-Kawahib," in *Handbook of South American Indians*, Washington, 1948, vol. 3, pp. 299~305. 이것을 신화에 따르면 번개가 데려온 최초의 말(馬)에 대해 다코타족(Dakota)이 하는 이야기와 비교해볼 수 있다. "그것은 인간과는 다른 냄새가 났다. 사람들은 개일지도 모른다고 생각했지만 그것은 사역견보다 더 컸다. 그래서 그들은 그것을 *sunka wakan*, 즉 신비한 개라고 불렀다"(M. W. Beckwith, "Mythology of the Qglala Dakota," *Journal of American Folklore*, vol. XLIII, 1930, p. 379).

면 놀라운 효력을 가진 대상을 그거(truc) 혹은 거시기(machin)라고 부를 때가 바로 그러하다. 거시기(machin) 뒤에는 기계(machine)가 있으며, 더 멀리는 힘(force) 또는 능력(pouvoir)이라는 관념이 있다. 어원학자들은 그거(truc)가 기교를 요하는 놀이 혹은 요행에 달린 놀이에서의 행운의 일격을 뜻하는 중세 용어에서 파생되었다고 하는데, 이는 마나의 기원으로 여겨지는 인도네시아어 용어의 정확한 의미 중 하나이다.[64] 물론 우리는 어떤 대상이 '그거(truc)'나 '거시기(machin)'를 갖는다고는 말하지 않지만, 사람에 대해서는 그가 '무언가(quelque chose)'를 갖고 있다는 식으로 말한다. 또 "그녀는 'oomph'[성적 매력]를 갖고 있어"라는 미국식 속어 표현을 생각해본다면, 그리고 다른 곳보다 특히 미국에서 신성함과 금기의 분위기가 성생활에 스며들어 있다는 점을 떠올린다면, 우리가 마나의 의미로부터 그렇게 멀리 떨어져 있는지는 확실치 않다. 여기서 차이는 인간 정신이 어디서나 무의식적으로 만들어내는 개념들 자체에 기인하기보다는, 이 개념들이 우리 사회에서는 유동적이고 자생적인 성격을 갖지만 다른 곳에서는 심사숙고된 공식적 해석 체계 — 우리 사회에서는 학문의 역할로 맡기는 해석 체계 — 의 기초로 쓰인다

---

64   마나라는 단어의 파생에 관해서는 A. Capell 참조.

는 사실에 기인한다. 하지만 마나 유형의 개념들은 언제 어디서나 같은 기능을 수행한다. 마치 대수 기호처럼 이 개념은 의미작용의 불확정적 값을 나타낸다. 즉 그것은 그 자체로는 아무런 의미를 갖지 않기에 어떠한 의미라도 수용할 수 있다. 마나 유형의 개념들이 가진 유일한 기능은 기표와 기의 사이의 간극을 메우는 것, 더 정확히 말하자면 기표와 기의 사이에서 지금까지의 상보관계가 손상되어 불일치 관계가 성립되었음을 그때그때 알리는 데 있다.

그러므로 우리는 마나 개념을 일종의 선험적 종합판단의 토대로 원용한 모스와 아주 유사한 경로를 밟고 있다. 하지만 모스는 마나 개념의 기원을 그것의 도움으로 구성되는 관계와는 다른 층위에서 찾으려고 했는데, 우리는 이런 시도에 동의할 수 없다. 감정, 의지, 믿음의 질서가 바로 그것이다. 하지만 사회학적 설명의 관점에서 볼 때 감정과 의지, 믿음은 부수적 현상 아니면 신비로운 현상으로서 어느 쪽이든 조사 영역에서 벗어난 대상일 뿐이다. 그토록 풍부하고 예리하며, 그토록 영감 가득했던 연구가 방향을 바꿔 실망스러운 결론으로 끝맺게 되는 이유가 바로 여기에 있다. 결국 마나는 "대개 자의적으로 선택된 특정 사물들과 관련해, 때로는 숙명적이고 보편적으로 때로는 우연히 형성되는 사회적 감정의 표현"에 지나지 않게 될 것이다.[65] 하지만 감정, 숙명, 우연, 임의성은 전혀 과학적 개념이 아니다. 그것들은 설명하고자 하는 현상을 밝혀주는 것이 아니라 그 현상 자체의 일부를 이루는 것이다. 이런 점에서 뒤르켐과 모스가 마나 관념에 부여했던 불가해한 역량과 신비로운 힘이라는 속성이 실제로 드러나는 경우가 하나쯤은 있는 셈이다. 바로 뒤르켐과 모스의 이론 체계 안에서 이 관념이 수행하는 역할이 그러하다. 거기에서 마나는 실로 마나이다. 하지만 동시에 뒤르켐과 모스의 마나 이론이 결국 두 사회학자의 머릿속에서 마나가 매우 특수한 자리를 차지해 얻게 된 속성을 원주민의 사유에 전가한 것이 아닌지 의심하지 않을 수 없다.

따라서 모스 사유의 이 첫 단계에서 멈추려 하는 신실한 추종자들에게는 강력한 경고가 주어져야 한다. 그들은 모스의 통찰력 있는 분석보다는 토착 이론의 기이함과 진정성을 되살려내는 그의 탁월한 재능에 사의를 표하려고 한다. 하지만 모스 자신은 이런 사변에 빠져 불확실한 사유를 무기력하게 감추려고 하지 않았

---

65 사회적 현상을 언어와 동화시키는 모스의 방법이 아무리 결정적이었다고 해도 한 측면에서는 사회학적 사고를 난관에 빠뜨린다. 사실 위에서 인용된 구절과 같은 아이디어는 오랫동안 소쉬르 언어학의 난공불락의 요새로 여겨져 온 것, 즉 언어 기호의 자의적 성격에 대한 이론으로부터 지지를 끌어낼 수 있지만, 이는 오늘날 가장 시급히 극복되어야 할 입장이기도 하다.

을 것이다. 모스 사유의 전개에서 단지 예비적 과정에 불과한 것에 집착한다면 사회학을 위험한 길로 내몰 수 있으며, 한발 더 나아가 사회적 실재를 사람들이(심지어 야만인이) 만들어낸 개념 ─ 이런 개념에서 그 주관적 반영의(réflexif) 성격마저 빼버린다면 거기에는 아무 의미도 남아 있지 않을 것이다 ─ 으로 환원한다면 사회학은 파멸의 길로 빠져들고 말 것이다. 그렇게 되면 민족지학은 수다스러운 현상학으로, 순진한 척하는 잡록(雜錄)으로 전락할 것이다. 이러한 민족지학은 표면상 모호한 원주민의 사고를 전면에 내세움으로써, 그렇게 하지 않았다면 만천하에 드러나게 될 민족지학자의 혼동을 은폐한다.

마나는 『개요』의 끝머리에 등장하는 반면 하우는 다행히도 『증여론』의 첫머리에만 등장한다. 또한 『증여론』 전체에서 하우는 목적지가 아니라 출발점으로 취급된다. 따라서 모스의 사유를 다른 방향으로 밀고 나가려는 시도는 얼마든지 가능하다. 이는 앞서 언급했던 하우에 관한 모호함을 극복한 후 『증여론』이 규정하게 될 방향이다. 만일 『증여론』의 모스를 통해 우리가 형성한 교환 개념을 소급적으로 마나 개념에 투영한다면, 우리는 어떤 결론에 이르게 될까? 하우가 그러하듯 마나 역시 인식되지 않은 총체성의 요구를 주관적으로 반영한 것에 불과하다는 사실을 인정해야 할 것이다. 교환은 줄 의무, 받을 의무, 돌려줄 의무라는 뼈대 세 개를 감정적 · 신비적 접착제[하우]로 붙여 만든 복합적 체계가 아니다. 교환은 상징적 사고에 즉각 주어진 종합이자 상징적 사고를 통해 주어지는 종합이다. 다른 모든 커뮤니케이션 형태에서와 마찬가지로 교환에서도 상징적 사고는 자신에 내재한 모순을 극복해낸다. 사물을 자기와 타인 양쪽에게 있어 대화의 요소로 인식하는 한편, 그 본성상 한쪽에서 다른 쪽으로 건네져야 하는 것으로 인식하는 모순이 그것이다. 이때의 사물이 나의 것인지 타자의 것인지는 애초의 관계적 성격에 비하면 부차적인 문제이다. 주술의 경우도 이와 마찬가지 아닐까? 구름과 비를 불러오기 위해 연기를 피우는 행위가 함축하는 주술적 판단은 연기와 구름 사이의 원초적 구분에 근거하지 않는다. 따라서 마나에 대한 호소 역시 이 둘을 결합하는 데 필요한 것이 아니다. 오히려 주술적 판단은 연기와 구름을 동일시하는 더 근본적인 사고의 층위에서 이루어진다. 적어도 특정 관계에서는 한쪽은 다른 쪽과 같은 것으로 간주되며, 이러한 동일시가 그 뒤에 이어지는 관념의 연합(association)을 정당화하는 것이지 그 반대는 아니다. 모든 주술적 조작은 통일성(unité)의 회복에 달려있다. 그런데 이때의 통일성은 상실된 통일성이 아니라(아무것도 상실된 적이 없다) 무의식적 통일성, 혹은 주술적 조작 자체보다는 덜 완벽하게 의식되는 통일성이다. 마나 개념은 실재의 질서가 아니라 사고의 질서에 속하며, 사고는 자신을 사고할 때조차도 오직 특정 대상만을 사고한다.

상징적 사고의 이러한 관계적 성격에서 우리가 제기한 문제의 답을 찾을 수 있다. 동물적 삶의 단계의 어떤 시점과 어떤 상황에서 언어가 출현했건 간에, 언어는 단번에 출현할 수밖에 없다. 사물들이 점진적으로 의미를 갖게 된 것은 아니다. 사회과학이 아니라 생물학과 심리학이 다루어야 할 어떤 변형의 결과, 아무것도 의미가 없는 단계에서 모든 것이 의미를 갖는 단계로의 이행이 일어났다. 이러한 지적은 일견 진부해 보여도 중요한 의미를 지닌다. 언어의 차원에서 이뤄진 급진적 변화에 상응하는 것이 인식의 영역에는 존재하지 않기 때문이다. 인식은 천천히 점진적으로 발전한다. 다시 말해서, 우주 전체가 단번에 **의미를 갖게 된** 순간이 곧 사람들이 우주를 더 잘 **인식하게 된** 순간은 아니다. 물론 언어의 출현이 인식의 발전 리듬을 가속화하겠지만 말이다. 이런 의미에서 인간 정신의 역사에 하나의 근본적 대립, 즉 불연속적 성격을 나타내는 상징체계와 연속성으로 특징지어지는 인식 사이의 대립이 존재한다. 그렇다면 결과는 무엇인가? 기표와 기의라는 두 카테고리가 상보적 단위로서 동시에 그리고 서로 맞물려 구성되었다면, 기표의 특정 측면과 기의의 특정 측면 사이의 관계를 판명하는 지적 과정으로서의 인식, 다시 말해 기표 전체와 기의 전체에서 가장 만족스러운 상호일치 관계를 드러내는 부분들을 선택하는 과정으로서의 인식은 아주 느리게 궤도에 진입한다. 마치 인류가 하나의 광대한 영역과 그 세부 지도를 단번에 획득했고 둘 사이에 대응관계가 있다는 점도 알고 있었지만, 지도 위의 어떤 상징이 그 광대한 영역의 어떤 광경을 표상하는지를 배우기 위해 수천 년이 걸려야 했던 것과 같다. 우주는 사람들이 그 의미를 알기 시작하기 훨씬 전부터 무언가를 의미했다고 해도 결코 틀린 말이 아니다. 앞선 분석에서 도출되듯, 처음부터 우주는 향후 인류가 인식하게 될 것들의 전체를 의미했다. 따라서 사람들이 인간 정신의 진보라고 부르는 것, 또는 적어도 과학적 인식의 진보라고 부르는 것은 자기완결적이고 자기보완적인 전체의 내적 조정 작업처럼 이뤄질 수밖에 없다. 즉 진보란 내적 분할들을 바로 잡고, 새로운 분할과 편성을 시도하며, 소속 관계를 정의하고 새로운 자원을 찾아보는 과정을 통해 이루어질 수 있었고 또 앞으로도 그러할 것이다.

지금의 논의는 언뜻 보면 마나와 멀리 떨어져 있는 것 같지만 실제로는 매우 가까이 있다. 인류는 언제나 방대한 양의 실증적 지식을 소유했고 많은 사회가 이를 보존하고 발전시키기 위해 크고 작은 노력을 기울여 왔다. 그러나 과학적 사고가 지배적 지위를 차지한 것은 극히 최근의 일이며, 과학적 인식이 공식적 숙고를 통해 주된 준거로 선택되어 지적·도덕적 이상은 물론 사회집단이 추구하는 실천적 목표까지 그것을 축으로 조직된 사회 형태가 출현한 것도 극히 최근의 일이다. 하지만 차이는 정도의 문제일 뿐 본질적인 것이 아니다. 우리는 상징체계와 인식 사이의 관계가 비(非)산업사회와 우리 사회에서 서로 다르게 나타나더라도 두 사회 모두에서 공통된 성격을 계속 유지하리라고 기대할 수 있다. 근대 과학이 출현하고 일정한 범위까지 확장함에 따라 기표를 기의에 맞춰 조정하는 작업이 더 체계적이고 엄밀히 추구되었음을 인정한다고 해서 우리 사회와 비산업사회 사이에 심연이 가로놓이는 것은 아니다. 다른 모든 곳에서와 마찬가지로 여전히 우리 사회에서도, 인간의 조건을 이루는 근본적 상황이 줄곧 (분명 앞으로도 오랫동안) 지속되고 있다. 인간이 태초부터 기표 전체를 보유하고 있었으나 기표를 기의에 어떻게 할당해야 할지 몰라서 무척 난처해하는 상황이 바로 그것이다. 그저 주어져 있을 뿐 미지의 것으로 머무는 기의가 존재하기 때문이다. 기표와 기의 사이에는 오직 신적 지성을 통해서만 해소될 수 있는 불일치가 상존하며, 그 결과 기표는 그에 대응할 수 있는 기의를 양적으로 초과하게 된다. 따라서 언제나 인간은 의미작용의 잉여분(un surplus de signification)을 보유한 채 세계를 이해하려는 노력에 착수한다(인간은 상징적 사고의 법칙에 따라 이 잉여분을 사물들 사이에 배분한다. 다만 그 법칙을 연구하는 것은 민족지학자와 언어학자의 몫이다). 추가적

할당량의 배분으로 표현할 수 있는 이 과정은 가용한 기표와 식별된 기의가 상보적 관계를 유지하는 데 절대적으로 필요하다. 또한 이 같은 관계 유지야말로 상징적 사고의 실행을 위한 조건 자체에 해당한다.

마나 유형의 개념이 아무리 다양하더라도 가장 일반적인 기능(앞서 살펴봤듯이 마나의 이 기능은 우리의 사고방식과 사회 형태에서도 사라지지 않는다)에서 고찰하면, 그것은 정확히 부유하는 기표(signifiant flottant)에 해당한다. 이 기표는 모든 유한한 사유에 주어진 구속이자 모든 예술과 모든 시, 모든 신화적이고 미적인 창작물의 보증자이다. 하지만 그것은 과학적 지식에 의해 완전히 억제되지는 않더라도 최소한 부분적으로 통제될 수 있다. 한편 주술적 사고는 과학적 지식과는 다른 방법으로 마나를 관리한다. 두 방법은 서로 다른 결과를 낳지만 아주 잘 공존할 수 있다. 모든 사회적 현상을 언어와 동일시할 수 있다는 모스의 가르침에 착안해 말해보자면, 마나, 와칸, 오렌다, 그리고 같은 유형에 속하는 여타 개념은 모두 의미론적 기능(fonction sémantique)의 의식적 표현이라고 할 수 있다. 이 의미론적 기능은 상징적 사고가 그 고유한 모순에도 불구하고 실행될 수 있게 해준다. 이로써 모스가 분명히 드러내 주었고 민족지학자들에게 그토록 강한 인상을 심어 주었던 이율배반, 마나 개념에 들러붙어 일견 해결 불가능해 보였던 이율배반을 설명할 수 있다. 마나는 힘이자 행위, 질이자 상태, 명사이고 형용사이자 동사, 추상적인 것이자 구체적인 것, 편재하는 것이자 국지적인 것이다. 실제로 마나는 동시에 이 모든 것이다. 하지만 이는 마나가 그것들 가운데 어떤 것도 아니기 때문이 아닐까? 마나는 단순한 형식, 아니 더 정확히 말하면 어떠한 상징적 내용물도 취할 수 있는 순수 상태의 상징이 아닐까? 온갖 우주론이 구성하는 상징들의 체계에서, 마나는 그저 제로 상징가(valeur symbolique zéro), 즉 기의에 이미 적재된 내용 이외의 추가적인 상징적 내용이 필요함을 표시하는 기호일 뿐이다. 이 기호는 어떠한 가치도 지닐 수 있다. 단 이때의 가치가 가용한 예비품(réserve)에 여전히 속하면서, 음운학자들의 용어에 빗대어 말하자면, 집합에 속하는 항(un terme de groupe)[음운론의 경우 허용된 음소 연쇄를 이루는 항]에는 아직 해당하지 않는 한에서 그러하다.[66]

우리가 보기에 이러한 생각은 모스의 사유에 전적으로 충실

---

66   언어학자들은 이미 이러한 유형의 가설을 공식화한 바 있다. 예컨대, "제로 음소는 (⋯) 변별적 자질도 없고 일정한 음성 가치도 지니지 않는다는 점에서 다른 모든 프랑스어 음소들과 대비된다. 제로 음소는 음소의 부재에 맞선다는 고유한 기능을 가진다"(R. Jakobson and J. Lotz, "Notes on the French Phonemic Pattern," *Word*, vol. 5, n° 2, août 1949, new York, 1949, p. 155). 여기에 제안된 구상을 도식적으로 적용해본다면, 그 자체로는 특정한 의미가 없는 마나 유형의 개념들은 의미의 부재에 대항하는 기능을 가질 것이다.

하다. 이는 애초에 모스가 범주 논리학(logique des classes)의 용어로 표현했던 바를 언어의 가장 일반적인 법칙을 요약하는 기호 논리학(logique symbolique)의 용어로 번역한 생각과 다르지 않다. 번역은 우리가 한 것이 아니며, 애초의 착상을 제멋대로 해석한 결과물도 아니다. 그것은 지난 30년 동안 심리학과 사회과학에서 이루어진 객관적 발전을 반영할 뿐이다. 모스의 가르침은 이 발전을 최초로 표명했고 거기에 큰 공헌을 했다는 점에서 커다란 가치를 지닌다. 실제로 모스는 전통적인 심리학과 논리학의 불충분함을 비판하고, 그 경직된 틀을 벗어나 "성인 유럽인의 지성에는 생소하게" 보이는 다른 형태의 사유들을 드러낸 최초의 인물 중 한 명이었다. 물론 그 시기 —『주술의 일반이론 개요』는 프로이트가 프랑스에 전혀 알려지지 않았던 때 작성되었음을 상기하자 — 에 이러한 발견은 "비지성주의적 심리학(psychologie non intellectualiste)"의 요청이라는 부정적 형태로 표현될 수밖에 없었다. 그러나 이 심리학은 마침내 **다른 방식으로** 지성주의적 심리학, 즉 인간 사고의 법칙을 일반화하는 심리학으로 공식화될 수 있었다. 또한 여러 사회학적 맥락에서 나타나는 인간 사고의 개별적 발현은 그 법칙의 다양한 양태에 불과하다는 사실이 밝혀졌다. 이를 모스보다 더 기뻐했을 사람은 없을 것이다. 이러한 과업을 위한 방법론을 규정한 글이 바로『증여론』이었고, 무엇보다 모스 자신이 민족학의 본질적 목표를 인간 이성의 확장에 두었기 때문이다. 그러므로 모스는 어두컴컴한 지대에서 앞으로 이루어질 모든 발견을 일찌감치 주장한 셈이다. 그 지대에서 인간의 정신 형태는 세계의 가장 외진 변방과 우리 사유의 가장 내밀한 귀퉁이에 동시에 파묻혀 있는 까닭에 쉽게 접근할 수 없고, 정서라는 희미한 빛무리(auréole)에 굴절된 채로만 이따금 지각될 뿐이다. 그런데 『사회학과 인류학』에 실린 글들은 심리적 삶이 오직 두 가지 지평에서만 의미를 획득할 수 있다는 콩트의 가르침에 모스가 평생 사로잡혀 있었다는 사실을 한결같이 보여준다. 하나는 사회적인 것의 지평이며 다른 하나는 생리적인 것의 지평인데, 전자는 언어이고 후자는 생명체의 필요라는 무언의 다른 형식이다. 우리 학문의 방법과 수단, 최종 목표를 집약한 아래 문구에서만큼이나 모스가 자신의 심오한 사유에 충실한 적은 없으며, 이 문구만큼이나 인간 성좌의 천문학자로서 민족학자의 사명을 적절하게 묘사한 것도 없다. 이 문구는 모든 민족학 연구소의 입구에 새겨둘 만하다.

무엇보다도 가능한 한 가장 많은 범주 목록을 작성하는 것이 필수적이다. 인간이 사용했음을 알 수 있는 모든 범주에서 시작해야 한다. 그리고 나면 이성의 창공에 빛이 없는 달, 희미한 달, 어두운 달이 여

럿 떠 있음을 알게 될 것이다.[67]

67   (옮긴이) 이 문구의 출처는 다음과 같다. M. Mauss, "Rapports réels et pratiques de
      la psychologie et de la sociologie," *Sociologie et anthropologie*, 2013[1950], p.
      309.

사회의 상징적 기원을 찾아서

『마르셀 모스 저작집 서문』(이하『서문』)은 1950년 모스의 일부 저작을 모아 간행한『사회학과 인류학(Sociologie et anthropologie)』의 첫머리에 레비스트로스가 작성한 글로서, 그 자체 독자적 의의와 논쟁사를 지닌 텍스트로 널리 알려져 있다. 한 가지 염두에 둘 점은 이 글을 쓸 당시의 레비스트로스는 지금 우리가 알고 있는 레비스트로스가 아니었다는 사실이다.『서문』은 콜레주 드 프랑스(Collège de France)의 사회인류학 교수로서 4권의『신화학(Mythologiques)』 연작을 남긴 원숙한 구조주의자 레비스트로스가 아니라, 구조언어학 이론에서 엿본 인류학의 풍요로운 미래를 (박사학위 논문이기도 한)『친족관계의 기본구조(Les Structures élémentaires de la parenté)』(1949)를 통해 실험적으로 구현한 직후의 레비스트로스가 작성한 글이다. 이 글에서 그는 이제 막 첫 성과를 낸 구조주의라는 탐구 방법을 프랑스 사회학의 거장 모스의 저술에서 연역하는 시도를 감행하며, 그래서 많은 이들은『서문』

을 일종의 '구조주의 선언문'으로 받아들인다. 이러한 평가에는 모스의 저작을 소개하는 자리를 사적으로 전용했다는 은근한 비난이 깔려있기도 하거니와,[1] 혹자는 레비스트로스가 모스를 구조주의 인류학의 선구자로 만들기 위해 그의 아이디어를 부당하게 변형시켰다는 비판을 제기하기도 한다. 모스의 사회학을 계승한 조르주 귀르비치가 『사회학과 인류학』의 서언에 남긴 말도 그러한 불만을 암암리에 내비친다.

독자들은 클로드 레비스트로스 씨의 서문에서 이 위대한 학자[모스]가 남긴 무궁무진한 지적 유산의 인상적 이미지와 더불어, 그의 저작에 대한 **매우 개인적인 해석**을 발견할 수 있을 것이다.(강조는 인용자)[2]

이러한 비난을 예상이라도 했다는 듯이 레비스트로스는 『서

---

1   물론 구조인류학이 남긴 성과와 영향력을 적극 인정하는 관점에서는 정반대의 평가가 내려진다. 갈리마르 출판사의 플레이야드 총서(Bibliothèque de la Pléiade)로 출간된 레비스트로스 『저작집(Œuvres)』의 편집자는 『서문』을 "질 들뢰즈, 자크 라캉 또는 롤랑 바르트에게 기반을 제공한 핵심적 텍스트, 구조주의의 진정한 '성경'"으로 평가한다(V. Debaene, "Préface," in C. Lévi-Strauss, Œuvres, Paris: Gallimard, 2008, p. XIII).

2   G. Gurvitch, "Avertissement de la première édition (1950)," in M. Mauss, *Sociologie et anthropologie*, Paris: PUF, 2013[1950], p. VIII.

문』에서 다음과 같이 언급한다.

> 분명히 어떤 이들은 경솔하다고 판단하겠지만, 정해진 경로를 벗어나 모스 사상의 극한까지 아니 어쩌면 그 너머까지 논의를 끌고 가면서 나는 단지 모스가 독자나 청중에게 제공했을 생각거리가 얼마나 풍부하고 비옥한지 보여주고 싶었다.(본문 32~33쪽)

레비스트로스는 목표를 달성했다. 모스의 유산, 나아가 뒤르켐과 모스로 대표되는 프랑스 사회학파의 유산에 대한 레비스트로스의 "매우 개인적인"(즉 구조주의적인) 해석은 모스 사유의 '모더니티'를 성공적으로 부각시켰다. 훗날 인류학에서 모스가 점하게 될 선구자적 위상과 사회과학 전반에 끼치게 될 심대한 영향의 상당 부분은 분명 레비스트로스에 의해 매개된 것이다. 무엇보다 『서문』은 수십 년의 시차로 분리된 모스의 저작들에 내재한 사유의 총체성, 그리고 그 축을 이루는 상징체계(symbolisme)와 사회적 삶의 관계라는 테마에 함축된 존재론적·인식론적·방법론적 의의를 경탄을 자아내는 논증으로 드러낸다. 모스의 저작에 대한 "지적 반향"(본문 10쪽)인 『서문』은 그 자체로 끊임없는 반향의 원천이 되어온바, 뒤늦게나마 이뤄진 한국어 번역을 통해 독자들 역시 모스 사상의 정수가 레비스트로스 사상의 마중물로 변환되는 과정을 직접 확인할 수 있을 것이다.

『서문』을 둘러싼 숱한 논쟁이 증명하듯 레비스트로스의 텍스트는 다양한 해석에 열려 있다. 하지만 역자들의 해설은 이러한 독해 가능성을 확장하기보다는 오히려 제한하는 방식으로 레비스트로스의 논의를 따라가려고 한다. 『서문』의 난해한 논의를 다층적으로 독해하려면 어떤 형태로든 레비스트로스 '위'에 있어야 한다. 그런데 그런 위치를 점하려면 먼저 레비스트로스의 편에 서는 의도적 편향을 가지고, 그가 어떤 원리에 근거해 모스의 저작을 읽었는지 천천히 추적해봐야 한다. 때로 수수께끼 같은 레비스트로스의 논의를 실감하고 명쾌한 사유의 실마리를 손으로 움켜잡기 위해서는 그의 '옆'을 이탈하지 않는 독서가 필수적이기 때문이다. 역자들의 해설은 바로 이러한 독서의 결과물이다.

뒤르켐으로부터 모스에게로

『서문』에서 레비스트로스가 시도한 것은 모스의 저작에서 구조주의적 사유의 원형을 이끌어 내는 일이었다. 이는 뒤르켐주의자로 알려진 모스의 사회학에 대한 전면적 재평가를 함축하는데, 이런 맥락에서 『서문』에 앞서 1947년 「프랑스 사회학(La sociologie française)」이라는 제목으로 출판된 레비스트로스의 원고를 검토할 필요가 있다. 이 글에서 레비스트로스는 뒤르켐과 모스를 구조주의라는 사유 실험에 되비치면서 프랑스 사회학파의 창시자와 계승자(사적으로는 외삼촌과 조카 사이)인 둘의 관계를 재조정한다. 레비스트로스에 따르면 뒤르켐의 사회학은 구조주의에 도달할 수 없었던 반면, 모스의 저작 곳곳에는 구조주의를 시사하는 단서들이 존재한다. 그 단서들 가운데 가장 눈여겨봐야 할 것은 사회학과 심리학의 연관성 및 상징체계의 고유한 효력에 대한 모스의 성찰이다.

　주지하듯 뒤르켐의 목표는 사회적 사실에 대한 연구를 개인의

의식에 대한 '안으로부터'의 앎과 단절시킴으로써 사회학을 자립적인 분과학문으로 정립하는 것이었다. 이 과정에서 뒤르켐은 19세기 말 대두된 새로운 경향의 심리학을 적극 참조한다. 그는 집합표상이라는 집단심리학의 용어를 사회학 개념으로 채택했으며, 사회적 사실이 특수한 종류의 심리적 사실임을 분명히 강조했다.[3] 그러나 뒤르켐은 사회적 사실을 '사물'처럼, 즉 인간 정신의 외부에 존재하는 경험적 대상으로 다루어야 한다는 원칙을 강조하는 데 그침으로써, 개인 심리에 외재하는 사회적 사실이 어떻게 역으로 개인 심리에 규범으로 내면화되느냐는 곤란한 문제에 부딪히게 된다. 그는 이 문제를 사회와 개인 사이의 기계적 인과관계, 즉 원인으로서 집합표상이 개인 심리에 미치는 강제적 효과로 해결하려고 한다. 그 결과 뒤르켐은 집합표상이 사물이 아니라 집합적 관념들의 '체계'라는 사실, 그리고 이 체계가 무의식적인 심리구조에 의해 떠받쳐진다는 사실을 알아차릴 수 없었다.

요컨대 레비스트로스가 보기에 뒤르켐의 사회학은 상징체계 개념에 가닿지 못했다. 물론 뒤르켐은 상징이 사회의 완전한 현

---

3 "나는 사회학을 개인심리학의 외부에 위치시켜야 한다고 여러 차례 반복했는데, 이는 다만 사회학이 자신만의 대상 및 구분되는 방법을 가진 하나의 특수한 심리학을 이룬다는 것을 말하기 위해서였다"(E. Durkheim, "Correspondance," *Revue philosophique*, vol. 52, 1901, p. 704).

실을 구성하는 필수 요소임을 인정한다. 하지만 그에게 상징은 일차적 실재인 사회를 재현하는 것으로서만 중요할 따름이었다. 뒤르켐 사회학에서 사회는 상징을 만들어내고 그 의미를 관습과 법으로 보장하며, 여러 제도적 장치를 통해 상징의 유통을 관리하는 유일한 '주체'로 제시된다. 가령 뒤르켐은 『종교생활의 기본형태(Les formes élémentaires de la vie religieuse)』(1912)에서 상징의 기능이 집단적 흥분상태에서 발생하는 격렬하고 불안정한 에너지를 안정화하는 데 있다고 설명한다. 이 에너지는 토템 상징물을 향해 결집함으로써 비로소 어떤 뚜렷한 이미지로 가시화되며, 이때 토템 상징물은 성스러운 의미를 획득하면서 개인에 대한 집단의 우월성을 재확인시킨다. 이렇게 뒤르켐은 상징을 불안정한 집합적 에너지를 객관화하고 그 위력을 구성원들에게 상기시키는 재현 기능에 한정하는데, 레비스트로스는 훗날 『오늘날의 토테미즘』(1962)에서 이런 입장을 '성스러움에 대한 감정 이론(théorie affective du sacré)'으로 규정한다.[4] 뒤르켐은 결집 상태의 사람들이 사로잡히는 감정의 흐름에 주목함으로써 '상징(체계)의 사회적 기원'을 찾을 수 있다고 믿고 있었다.

---

4   C. Lévi-Strauss, "Le Totémisme aujourd'hui," *Œuvres*, Paris: Gallimard, 2008, p. 517.

하지만 레비스트로스의 눈에 이는 실재의 논리를 전도시키는 관점일 뿐이다. 뒤르켐은 상징(체계)을 사회라는 근원적 현실을 환기하는 이차적 요소로 간주하지만, 사실 상징체계야말로 모든 경험의 조건이고 그것이 없다면 사회적 삶 자체가 불가능하다는 점에서 일차적인 것으로 간주되어야 한다. 집단적 흥분을 비롯한 모든 사회적 현실을 포착하려는 사유의 운동 속에서도 이미 상징체계는 작동하고 있다. 이처럼 "상징체계가 사회학적 사고의 선험적 조건이 아니라면 사회현상을 설명할 수 없"는데도, 뒤르켐은 거꾸로 "상징체계를 사회적 삶의 요구, 가령 사회적 감정을 지속해야 할 필요를 통해 설명"하려고 한다.[5] 뒤르켐은 "상징이 없다면 사회적 감정은 불안정해질 수밖에 없다"고 했지만, 사실 상징이 없다면 "모든 것이 불안정해질 수밖에 없다."[6] 상징체계는 이미지, 의례, 신앙, 신화를 비롯한 사회적인 모든 것을 생산한다. 사회가 상징체계의 산물이지 그 반대는 아니다.[7]

[5]   C. Lévi-Strauss, "La sociologie française," in *La sociologie au XXe siècle*, Paris: PUF, 1947, p. 526.

[6]   같은 곳.

[7]   하지만 레비스트로스는 뒤르켐을 비난해서는 안 된다고 말한다. 그가 활동했던 시기에는 "현대 심리학과 언어학이 아직 그 주요 성과를 거두지 못했기"(같은 책, p. 527) 때문이다. 뒤르켐의 사회학은 말 그대로 '고전' 사회학이며, 그러한 자격으로 높이 평가받아 마땅하다. 레비스트로스는 1958년에 출간된 『구조인류학

그렇다면 모스의 경우는 어떠한가. 모스가 "항상 뒤르켐적 전통의 수호자로 자처"[8]한 것은 사실이지만, 그의 사회학 곳곳에는 스승과의 결정적 단절의 증거가 새겨져 있기도 하다. 모스는 "현대 심리학의 반향에 더 귀 기울였으며 두 학문[사회학과 심리학]을 연결하는 다리가 끊어지지 않도록 경계를 게을리하지 않았다."[9] 모스의 사회학은 인과적 관계가 아닌 상호보충적 관계라는 관점에서 개인 심리와 집단 심리의 두 차원에 접근한다. 의인화된 사회라는 허구에 의존하는 집합의식은 이제 사회적 삶의 가능 조건인 상징체계에 자리를 내준다. 모스에 의해 "상징체계에 대한 뒤르켐식의 우유부단한 태도는 완전히 사라졌"[10]으며, 여기에는 언어학의 중요성에 대한 선구자적 혜안이 결정적 역할을 수행했다.[11] 모스는 사회학의 고유 영역을 심리학과 언어학에 개방하고

(Anthropologie structurale)』을 그해 탄생 백주년을 맞은 뒤르켐에게 헌정하며, 두 해 뒤에는 「민족학이 뒤르켐에게 빚진 것(Ce que l'éthnologie doit à Durkheim)」이라는 헌정 논문을 작성한다.

8   C. Lévi-Strauss, "La sociologie française," in *La sociologie au XXe siècle*, Paris: PUF, 1947, p. 534.

9   같은 책, p. 537.

10   같은 곳.

11   레비스트로스는 모스를 사회학 위에 언어학을 올려놓은 최초의 학자로 치켜세운다. 실제로 모스는 심리학자들 앞에서 "사회학이 어디서나 언어학자들을 모범

자 했을 뿐만 아니라 민족학과 정신분석학의 밀접한 연관성까지 이미 알아차렸다. 상징체계와 상징적 사고, 무의식에 호소하는 것은 20세기 초 막 대두했던 학문의 현대성에 적극적으로 동참하는 일과 다르지 않다. 바로 이런 점에서 레비스트로스는 모스의 저작이 고전의 목록에 편입되는 대신 '모더니즘'의 새로운 흐름에서 비옥한 지적 토대를 구축할 수 있었다고 평가한다.

으로" 삼았더라면 "지금보다 확실히 더 발전"했을 것이라고 말했다(M. Mauss, "Rapports réels et pratiques de la psychologie et de la sociologie," *Sociologie et anthropologie*, Paris: PUF, 2013[1950], p. 299).

상징체계와 개인/집단
: 모스 사유의 모더니티

『서문』은 「몸 테크닉(Les techniques du corp)」(1934), 「집단이 암시한 죽음의 관념이 개인에게 미치는 신체적 효과(Effet physique chez l'individu de l'idée de mort suggérée par la collectivité)」(1926), 「심리학과 사회학의 실질적이고 실천적인 관계(Rapports réels et pratiques de la psychologie et de la sociologie)」(1924)에 대한 논의로 시작된다. 여기서 핵심이 되는 테제는 상징체계의 매개가 보장하는 개인의 심적 과정과 사회구조 사이의 상호보충성이다. 이 주제는 사회적인 것과 심리적·생리적인 것의 관계, 정신질환 및 정상과 병리에 관한 이론들을 다시 사고할 것을 요청한다.

「몸 테크닉」에서 모스는 걸음걸이 방식이나 휴식을 취할 때의 포즈처럼 일견 자연적으로 보이는 것에서 출산 시 몸의 자세나 성교의 자세처럼 보다 기술적인 것에 이르기까지, "각 사회가 개인에게 엄격한 신체 용법을 부과하는 방식"(본문 14쪽)을 검토한다. 이때 '사회가 엄격하게 부과한다'는 표현은 조심스럽게 해석할 필요가 있다. 모스가 「몸 테크닉」에서 강조하는 것은 개인에 '외재'하고 개인을 '초월'하는 사회가 개인의 심리적·생리적 상태와 무관하게 행사하는 강제적 힘이 아니기 때문이다. 개인의 신체는 순수한 생리적 질서로 환원되지 않는다. 신체에는 사회적인 것을 수용하고 그것을 개인 특유의 생리적 상태에 맞춰 표현하는 '상징적 모공'이 존재한다. 신체 용법은 집단의 압력이 몸에 미치는 일방적 효과가 아니라, 몸에 관한 집단적 규범과 그에 응답하는 개인 신체의 상호 공명을 증명하는 대표적 사례이다. 「집단이 암시한 죽음의 관념이 개인에게 미치는 신체적 효과」에서는 같은 문제의식이 더욱 극적인 사례를 통해 전개된다. 주술에 걸리거나 금기를 위반하면 죽음을 맞게 된다는 집단적 암시로 인해 당사자가 실제로 죽는 사례가 그것이다. '피암시성'을 지닌 상징적 수용체로서 몸은 집단의 합의에 기초한 언술에 의해 교란되어 신진대사 활동에 치명상을 입을 수 있다. 몸은 그 자체 상징적인 것이며 바로 그런 이유로 사회적인 것과 교차한다. 모스는 「심리학과 사회학의 실질적이고 실천적인 관계」를 주제로 한 강연에서 집단의 저주 한 마디에 멀쩡한 사람이 죽는, 선뜻 믿기 어려운 사실을 언급하면서 청중들을 사회적-심리적-생리적인 것 사이의 관계라는 문제로 인도한다.

사회적-심리적-생리적인 것은 상징체계를 통해 개인 안에서 종합된다. 집단의 상징체계는 '저것과 대비되는 이것'에 가치를 부여하며, 개인은 자신의 몸과 마음을 통해 그 가치에 조응하는 표현 방식을 발달시킨다. 1차 세계대전에 참전한 모스가 특정한 방식으로 걷는 영국 병사와 독특한 자세로 쪼그려 앉는 호주 병사를 볼 수 있었던 이유가 여기에 있다. 상징체계는 개인의 몸에서 어떤 특징들을 선택해 그 집단적 소속을 드러나게 해준다. 상징체계를 생리적·심리적 차원에 걸쳐 작용하는 사회적 가치의 원리로 생각해보면, 왜 호주나 뉴질랜드의 원주민이 금기를 위반했다는 이유만으로 죽음에 이르게 되는지 이해할 수 있다. 그는 상징체계의 작동으로 질서 지어진 세계에 포섭되어 있다. 금기의 준수/위반에 따라 차안/피안이 갈라지는 상징적 세계를 살아가는 한, 그는 위반의 결과로서 죽음이라는 사회적–심리적–생리적 현실을 감당하지 않을 수 없다. '너는 죽을 것이다'라는 집단의 암시로 그의 몸과 마음은 균형을 잃고 진동하며, 마침내 임박한 자기 죽음을 속수무책으로 받아들인다.

상징체계는 사람을 죽일 수 있듯 살릴 수도 있다. 『서문』과 비슷한 시기에 작성된 「상징적 효력(L'efficacité symbolique)」(1949)에서 레비스트로스는 파나마의 쿠나족(Cuna) 사이에 존재하는 관습을 분석한다. 거기서 난산을 겪는 여성은 샤먼의 개입 덕분에 생의 위기를 극복하는데, 샤먼이 하는 일은 여성으로 하여금 당장의 난관을 포함한 수태와 임신, 출산의 전 과정을 신화적 세계 속에서 벌어지는 드라마처럼 상상하도록 이끄는 것이다. 샤먼의 말속에서 신체 각 부분과 거기서 느껴지는 통각은 신화적 장소·인물·사건과 겹치고, 이를 통해 여성의 생리적이고 심리적인 교란 상태는 집단이 믿어 의심치 않는 상징적 질서에 부합하는 형태와 의미를 얻게 된다. "보호하는 정령과 악한 정령, 초자연적 괴물과 주술적 동물은 우주에 대한 원주민들의 이해를 정초하는 수미일관한 체계의 부분이다. […] 신화에 호소함으로써 샤먼은 병자가 받아들이기를 거부하는 비일관적이고 제멋대로의 고통을 […] 모든 것이 서로 연관된 전체 속으로 되돌려 놓는다."[12] 마치 정신분석 치료에서와 같이 "샤먼은 병자에게 언어를 제공한다."[13] 그리고 마침내 자신이 겪는 시련에 대한 언어적 표현을 획득한 병자는 자신의 회복을 정상적 귀결로 예상할 수 있게 된다.

『서문』은 정신장애라는 또 하나의 주제를 경유해 상징체계가 매개하는 집단과 개인의 상보성이라는 관점을 강화한다. 소위 정신질환자들은 집단적 상징체계("문화는 상징적 체계들의 총체로서 그

12　C. Lévi-Strauss, "L'efficacité symbolique," *Anthropologie structurale,* Paris: Plon, 1958, p. 218.

13　같은 곳.

중심에는 언어, 혼인 규칙, 경제관계, 예술, 과학, 종교가 자리한다"[본문 28쪽]) 중 어떤 체계의 '외부'(또는 여러 체계들 '사이')에서 자신들만의 자율적 상징체계라는 환상을 가지고 살아가는 이들이다. 사회는 이들에게 집단적·표준적 상징체계와 '타협'을 이루라고, 다시 말해 자신들의 상징체계보다 거대한 상징체계에 굴복하는 "고분고분한 존재"(본문 30쪽)가 되라고 요구하며, 정신질환자들은 결국 자신의 심적 과정을 스스로 소외시키고 무력화시킴으로써 이 요구를 수용한다. 그런데 만약 이들이 한사코 타협을 거부했다면, 그리하여 그들의 환상적 상징체계가 여기저기서 마음껏 작동되도록 방기되었다면, 분명히 집단적 상징체계는 전체성을 상실하고 마침내 와해되어 버렸을 것이다. 이런 의미에서 집단적 상징체계는 그 존재 자체를 통해 개인의 심적 과정에 대한 자신의 우위를 증명한다.

하지만 이를 확인하는 데서 멈춘다면 우리는 여전히 뒤르켐 사회학의 언저리를 벗어나지 못하는 셈이다. 레비스트로스는 「주술사와 주술(Le sorcier et sa magie)」(1949)이라는 논문에서 정상적 사고(따라서 집단의 '공식적' 상징체계)와 병리적 사고(개인의 환상적 상징체계) 사이의 상보성을 흥미로운 방식으로 주장함으로써 중대한 일보를 내딛는다. 정상적 사고가 자신이 완전히 이해할 수 없는 세계 앞에서 끝없이 사물의 의미를 구한다면, 병리적 사고는 자기 안에 넘쳐나는 정서적 해석과 반향을 통해 현실을 의미의 과포화 상태로 만든다. 달리 표현해 정상적 사고는 기의의 항상적 부족에 시달리는 반면 병리적 사고는 언제나 기표의 과잉 상태에 처해 있다. 둘의 상반된 관계는 명백히 보완적인데, 위에서 살펴본 샤머니즘적 치료는 이 상보적 관계가 실현되는 탁월한 예에 해당한다.

정상적 사고로는 그 이유를 알 수 없는 병증을 치료하기 위해 공중(public)은 샤먼을 호출한다. 샤먼은 기표의 과잉이 허용하는 환상적 해석을 (마치 미친 사람처럼) 자신의 말과 몸짓을 통해 구현함으로써 기의의 결핍을 해소해주는 새로운 준거 체계를 공중에게 제공한다. 앞서 상징체계의 '효력'이라는 견지에서 검토했던 장면이 여기서는 상징체계의 '구성'에 관한 의미심장한 시사점을 드러낸다. 상징체계는 정상적 사고와 병리적 사고의 협력을 통해, 달리 말해 집단의 전통과 개인적 창의력의 공조를 통해 조직된다. 샤머니즘적 치료가 이뤄지는 현장은 "하나의 구조, 즉 전체 상황의 모든 요소를 통합하는 대립과 상관관계의 체계"[14]가 구성되고 작동하는 현장이다. 한편으로는 샤먼과 병자 그리고 공중이,

---

14   C. Lévi-Strauss, "Le sorcier et sa magie," *Anthropologie structurale*, Paris: Plon, 1958, p. 200.

또 한편으로는 이런저런 표상들과 절차들이 자리를 찾는 이 체계가 바로 상징체계이다.

총체적인 사회적 사실

    지금의 논의는 사회적 사실의 '실재성'을 확립한다는 프랑스 사회학파의 선결 과제와 밀접히 연결되어 있다. 뒤르켐은 사회적인 것을 개인을 강제하는 구조로 개념화함으로써 이 과제를 처리하고자 했지만, 레비스트로스는 모스에게 기대어 상징체계를 출발점으로 설정해 집단과 개인의 관계가 인과적이기보다는 상보적임을 논증한다. 사회적인 것은 그것이 공동생활에서 기인한다는 이유만으로 심리적인 것과 생리적인 것에 대해 일방적 우위를 주장할 수 없다. 모스는 상징체계가 작동하면서 사회적-심리적-생리적인 것이 서로 공명한다는 사실을 효과적으로 밝혀냈다. 그렇다면 사회적인 것이 나머지 두 차원과 대비되는 지점이 무엇인지도 상징체계에 준거해서 고찰되어야 한다. 모스는 이 문제를 다음과 같이 사고한다. 사회적인 것은 개인의식들 속에서 동일하게 표상된 것, 즉 "하나의 유일한 사물에 대한 유일한 표상이 아니라

[…] 자의적으로 선택된"[15] 하나의 표상이 다른 표상들과 맺는 관계, 즉 상징들의 체계를 통해 존재한다. 레비스트로스는 다음과 같은 말로 모스의 관점을 이어받는다.

사물들은 상징체계를 벗어나는 순간 소통 불가능해진다. 따라서 사물들을 상징체계라는 본성으로 되돌리는 것이 관건이다. 언어와 마찬가지로 사회적인 것 역시 독자적 실재이다. 게다가 둘은 같은 실재다. 상징은 그것이 상징하는 것보다 더 실재적이며, 기표는 기의에 선행하고 그것을 결정한다.(본문 49~50쪽)

이 인용문에서 레비스트로스는 상징체계를 인간 삶의 극복 불가능한 지평으로 명백히 자리매김한다. 모든 사물(chose, 事物), 그저 물건만이 아니라 세계에 객관적으로 존재하거나 아니면 존재하는 것으로 생각될 수 있는 모든 것은 상징체계에 통합되어 있으며 그러한 한에서 소통될 수 있다. 상징이 그것이 상징하는 것보다 더 실재적인 까닭은 상징체계에 통합되지 않은 채 독자적으로 존재하는 것(즉 상징되지 않은 것)이 없기 때문이다. 상징체계는 한

---

15 M. Mauss, "Rapports réels et pratiques de la psychologie et de la sociologie," *Sociologie et anthropologie*, Paris: PUF, 2013[1950], pp. 294~295.

편으로 언어에 의해 대표되며, 다른 한편으로는 (친족체계, 동식물의 분류체계, 신화, 의례 등과 같은) 언어적인 것들로서 존재한다. 상징체계는 "기의에 선행하고 그것을 결정"하는 기표들이 상호 조정되는 언어적 과정을 통해 이 세계 자체의 의미를 조직한다.

한편 상징체계와 사회생활은 특권적 관계를 맺는다. 상징은 원리상 "집합적일 수밖에"(본문 24쪽) 없고 상징적 구조는 "사회생활의 차원에서만 실현될 수 있다"(본문 29쪽). 모든 집단은 "관습과 제도를 통해 자신을 상징적으로 표현"하며(본문 23쪽), 우리 각자의 삶은 전적으로 이렇게 구성된 "상징적 관계의 세계"(본문 21쪽) 안에서 이뤄진다. 따라서 사회적인 것은 상징체계에 통합된 사물의 성격뿐만 아니라 상징체계의 '체계화'가 이뤄지는 과정 자체도 가리킨다(그런 점에서 사회적인 것과 언어는 "같은 실재"이다). 여기서 사회적인 것의 지위가 명확히 나타난다. 즉 사회적인 것은 상징체계를 통해 총체화되는 나머지 두 차원(심리적인 것과 생리적인 것)을 대표한다. '총체적인 심리적 사실'이나 '총체적인 생리적 사실' 같은 표현으로는 체계화하는 상징체계 고유의 특성을 포착할 수 없다. 총체적 사실은 언제나 '총체적인 사회적 사실'이다.

이렇게 상징체계를 통해 사회적인 것의 존재론적 지위를 방어한 뒤 레비스트로스는 논의의 초점을 인식의 문제로 이동시킨다(즉 "그것은 어떻게 존재하는가?"에서 "어떻게 그것을 알 수 있는가?"로).

잘 알려져 있듯 뒤르켐은 사회적 사실을 개인의 외부에서 도덕적 압력을 행사하는 객관적 실재로 정의하면서, 개인의 구체적인 심리적 상태와 과정을 탐구의 영역에서 비워내는 데 집중했다. 그러나 모스가 제안한 총체적인 사회적 사실, 즉 사회적-심리적-생리적인 것의 만남과 종합은 오직 구체적이고 평범한 개인 '안에서만' 이뤄진다. 총체적인 사회적 사실의 경험은 곧 총체적 인간(l'homme total)의 경험, 즉 구체적 사회 속 구체적 개인—"어떤 섬의 멜라네시아인, 로마[인], 아테네[인]"(본문 39쪽)—의 경험이다.

레비스트로스는 여기서 중요한 사실 하나를 짚어낸다. 총체적 사실은 무엇보다 사회적인 것으로서 '존재'하지만, 반드시 구체적 체험의 주관성을 경유해야만 '인식'될 수 있다. 따라서 사회적-심리적-생리적인 것의 종합에서 이번에는 '심리적인 것'이 우위를 차지한다. 총체적 사실은 오직 "심리적인 것 내부에서 이뤄지는 종합을 통해서만" 파악될 수 있으며, 심리적인 것만이 "실재를 검증하는 유일한 수단"이기 때문이다(본문 40쪽). 레비스트로스는 '총체적 사실'과 '구체적 인간'의 접점에서 발생하는 인식론적 요구를 다음과 같이 기술한다.

어떤 제도의 의미와 기능을 온전히 파악했다고 확신하려면 그 제도의 영향력을 개인의식에서 되살릴 줄 알아야 한다. 개인의식에 대한 영향력은 제도의 필수 요소이기에, 역사적 분석 또는 비교 분석의 객관성을 체험의 주관성과 일치시키는 해석이 반드시 필요하다.(본문 40쪽)

이는 총체적 사실을 구체적 인간의 체험 수준에서 연구하는 과업에 특권적 위상을 부여하는 동시에 사회과학의 익숙한 난제를 증폭시키는 것이기도 하다. 한편으로 객관적이고자 하는 관찰자의 극복될 수 없는 주관성, 다른 한편으로 객체로 분석되어야 할 관찰 대상에 이미 내재된 주관성의 문제가 바로 그것이다. 관찰자와 관찰 대상은 관찰의 일부다. 그런데 둘 다 주관성에 젖어 있다.

관찰에서 주관성을 제거할 수 없는 이유는 상징체계의 선차성 때문이다. "사물들[이] 상징체계를 벗어나는 순간 소통 불가능해진다"는 것은 곧 실재의 모든 요소가 대상임과 동시에 기호라는 것, 그리하여 어떤 표상을 촉발시킨다는 뜻이다. 가령 우리가 선물, 주술, 공동체, '원시인'이라고 부르는(즉 기호로 지시하는) 대상은 우리에게 무언가를 떠올리게 한다. 우리는 언제나 표상을 매개로 대상을 주관적으로 파악할 수밖에 없으며, 관찰 대상이 관찰 도구의 특성에 따라 변할 때는 더더욱 그러하다. 인류학에서 제1의 관찰 도구는 당연히 인류학자 자신이기에 관찰 도구에도 주관성이 들러붙어 있다. 그런 점에서 관찰자의 주관적 이해를 자기 안에 이미 포함하고 있지 않은 대상은 관찰의 출발점에도 그 끝에도 존재할 수 없다.

그러므로 사회과학은 "객관적인 것과 주관적인 것 사이의 구분"을 "거부"해야 한다(본문 43쪽). 주관성을 없애거나 최소화할 수 있는 특출난 관찰자에 의해 달성되는 객관성은 신화일 뿐이다. 따라서 객관과 주관의 분리 불가능성을 문자 그대로 받아들이면서, 실재의 객관성을 그것을 몸소 겪는 인간의 주관성 안에서 되살려 내는 일이 요구된다. 총체적인 사회적 사실은 당연히 "총체적으로 파악해야 한다. 즉 하나의 사물처럼 외부에서 파악하되, 그것에 대한 우리의 주관적(의식적 또는 무의식적) 이해까지도 이미 포함하고 있는 사물로서 파악해야 한다"(본문 42쪽). 이러한 요구, 말하자면 '주관적 객관성'이라는 이율배반적 요구는 과연 어떻게 달성될 수 있을까?

관찰자와 관찰 대상

일단 관찰자의 의식과 해석이 관찰 대상의 완전한 실재를 구성하는 필수 요소라는 점을 인정하고 출발해야 한다. 그런데 인류학에서는 관찰자와 관찰 대상이 대개 다른 집단에 속해 있다는 점에서 문제가 한층 복잡해진다. 낯선 사회에 당도한 인류학자는 거기서 낯선 타인들과 그들의 낯선 삶을 마주한다. 타인은 관찰 대상으로서 (나와 같은 인간이지만) 나와 다른 주체이고 무엇보다도 나와 다른 의식이다. 그 역시 (나와 같은 관찰자로서) 자기 세계를 주관적으로 이해한다.

그러므로 이렇게 말할 수 있다. 사회적 사실, 예컨대 증여에 포함된 주관적 이해는 하나가 아니라 최소한 둘이다. 원주민과 민족학자(그런데 그도 다른 어떤 사회의 원주민이다), 가령 트로브리안드인과 말리노프스키는 상이한 표상들의 매개로 증여를 주관적으로 파악하는 관찰자들이다.

이처럼 인류학적 관찰의 문제는 두 관찰자의 주관적 이해 사이에서 제기된다. 당연히 둘 중 하나를 택하는 것이 해결책이 될 수는 없다. 현지조사를 수행하는 이가 "민족지학자로서 사회적 사실을 관찰하기보다는 원주민과 마찬가지로 그것을 체험할 수밖에 없"(본문 42쪽)다고 할지라도, 그리고 이러한 체험이 자문화중심주의, 인종적 편견, 미개와 문명의 구분과 같은 함정을 최대한 피해 이뤄진다고 할지라도, 그 결과물은 여전히 학적 인식으로서의 가치가 보장되지 않는 주관적 이해에 머무를 수 있다. 레비스트로스가 말하듯 오히려 빈번한 것은 "착각의 희생양"(본문 45쪽)이 될 가능성, 즉 민족학자가 그 주관성을 제외하고는 원주민의 주관적 파악과 아무런 공통점이 없는 주관적 파악에 도달하게 될 가능성이다. 그렇다고 원주민의 주관성을 일방적으로 지향하는 것도 능사는 아니다. 최선의 경우 "토착 이론의 기이함과 진정성을 되살려내는"(본문 74쪽) 것으로 귀결될 이러한 지향은 민족지를 "수다스러운 현상학"으로 전락시킬 위험을 내포한다(본문 75쪽).

그러므로 인류학은 이 두 가지 주관적 이론과 싸워야 한다. ("원주민의 것이든 서구의 것이든 이론은 그저 이론일 뿐이다"[본문 63쪽]). 그것이 객관적이지 않고 주관적이어서가 아니라 주관적이면서 객관적이지 않기 때문에, 다시 말해 문제의 두 주관적 이해가 서로 객관적으로 일치하지 않기 때문이다. 이로부터 하나의 논리적 요청, 제삼의 시선에서 이뤄지는 제삼의 이해라는 요청이 제기된다. "내부자의 파악(즉 원주민의 파악 혹은 적어도 원주민의 경험을 추체험한 관찰자의 파악)을 전체(un ensemble)의 요소들을 제공하는 외부자적 파악의 언어로 변환"(본문 43쪽)하는 것이 관건이라는 레비스트로스의 진술에 이러한 요청이 함축되어 있다. 원주민이건 민족학자건 개별적 인간으로서 우리는 내부자의 파악에서 벗어날 수 없다. 따라서 이러한 내부자의 파악을 외부자의 파악에 상응하는 언어로 변환시키는 일은 제삼자의 개입을 전제한다. 즉 두 내부자(원주민, 민족학자)가 사물을 어떻게 '파악하는지를 파악'하는 제삼의 시선, 내부자의 "주관적 이해까지도 이미 포함하고 있는 사물"에 대한 제삼의 이해가 어떤 식으로든 가능해야 한다.

신적 지성에 호소할 수 없는 노릇이므로, 이 가능성은 인류학의 존재 자체에서 찾아질 수밖에 없다. 당연한 이야기지만 인류학은 진기하고 야릇한 제도와 풍습을 수집하고 기록함으로써 미지의 세계에 대한 지적 호기심을 채워주는 학문이 아니다. 레비스트로스에게 인류학은 '인간 정신(l'esprit humaine)'의 보편성이 매우 다양한 구체적 상황 안에서, 즉 이미 사라졌거나 아니면 지금 여기에 여전히 존재하는 수천 개의 사회 안에서 어떻게 전개되는지를 탐구하는 학문이다. 이런 맥락에서 레비스트로스는 "민족지학이 주체의 무한한 대상화 과정"(본문 44쪽)을 실험적이고 구체적인 형태로 제시한다고 말한다.[16] '인간으로서 우리'는 지구상에 존재했거나 존재하는 수천 개의 사회에 주관적으로 참여하며, "우리가 그 가운데 어디서나 태어날 수 있었던 것처럼, 우리는 어떤 사회든 정말 태어났던 곳으로 이해하려고 애쓸 수 있다"(본문 44쪽). 그러나 특정 사회와 특정 관습을 자기의 것으로 간주하는 개별 인간에게는 그 밖의 모든 사회와 관습이 대상으로 나타난다는 것 역시 사실이다. "우리 사회와 다른 모든 사회는 대상이고 우리 사회 안에서 내가 속한 집단을 제외한 모든 집단도 대상이며, 우리 집단

16 여기서 민족지(ethnographie), 민족학(ethnologie), 인류학(anthropologie)이라는 용어가 프랑스에서 사용되는 방식에 대해 언급해둘 필요가 있다. 민족지(또는 민족지학)는 특정 집단을 대상으로 한 현지조사와 그 결과 수집된 온갖 종류의 정보들, 그리고 그 전체 혹은 일부를 체계적으로 기술하는 작업과 관련된다. 민족학은 민족지와의 연속성 상에서 이뤄지는 첫 번째 일반화의 노력으로서, 지리적으로 가깝거나 먼 일련의 집단들을 준거로 사회적 삶의 특정 측면에 대한 이론적 종합을 시도한다. 인류학은 시공간적으로 멀리 떨어진 방대한 집단들을 비교의 지평 위에 놓고 역사학, 언어학, 사회학, 고고학, 생태학 등의 유관 학문들의 성과를 참조하면서, 인간의 사회문화적 삶의 일반적 속성과 원리들에 대한 인식을 생산하는 종합의 최종 단계로 이해될 수 있다(cf. C. Lévi-Strauss, "Place de l'Anthropologie dans les sciences sociales et problèmes posés par son enseignement," *Anthropologie structurale*, Paris: Plon, 1958, pp. 386~389). 이처럼 인류학은 민족지로 환원될 수 없지만(민족지를 쓰는 것이 곧 인류학을 하는 것은 아니다), 그럼에도 불구하고 분과학문으로서 인류학의 개별성은 민족지적 체험에 의해 담보된다. "인류학에서 문화적 차이는 비단 사람들이 남긴 텍스트와 흔적을 통해서만이 아니라 자기를 특이한 삶의 조건들 속에 넣고 그것을 주관적으로 파악하는 시험을 통해 연구된다"(V. Debaene, "Préface," In C. Lévi-Strauss, *Œuvres*, Paris: Gallimard, 2008, p. XVI).

의 관습 중 내가 동조하지 않는 모든 관습도 대상이다. 이러한 대상들(objets)의 무한한 계열이 민족지학의 거대한 대상(l'Objet)을 구성한다"(본문 45쪽).

여기서 벌어지는 일은 실로 주체의 무한한 대상화 과정이다. 이를 깨닫기 위해서는 자기/타자를 구분하는 개별 인간·집단이 아니라 인간 일반의 수준, '인간으로서 우리'의 수준으로 주체를 끌어올리기만 하면 충분하다(이러한 상승을 가능하게 한 데 인류학의 역사적 기여가 있다). 인간으로서 우리는 타자인 인간을 알지 못한다. 이 수준에서 자기는 또 다른 자기와 나뉘는 동시에 동일시되기에, 인간으로서 우리의 분할 과정에서 전개되는 대상화(즉 또 다른 자기가 주관적으로 참여한 사회의 대상화)는 곧 주체의 자기 대상화이다. 그러므로 수천 개의 사회와 그 구성원들의 다양한 습속과 마주할 때, 인간으로서 우리는 이미 분할된 자기 자신과 마주하는 셈이다. 이렇게 대상화된 것들의 전체를 대상(l'Objet)으로 갖는 한에서 인류학은 각각의 대상(un objet)과 그에 대한 내부자의 파악(개별 인간의 주관적 이해)을 외부에서(인간으로서 우리에 준거해서) 조망할 수 있다. 집단적 소속의 낙인이 찍힌 주관적 이해들은 인류학을 통해 인간으로서 우리의 주관성 안에 재통합될 수 있다.

무의식 또는 상징적 사고

인류학이 목표하는 이해(레비스트로스의 시각에서는 오직 인류학을 통해 가능한 이해)는 주관성을 폐기하지 않는 객관적 이해이다. 그것은 인간으로서 우리의 주관성 내부에서 성립하는 이해이며, 그런 한에서 인간으로서 우리가 수행하는 자기 이해(또 다른 자기에 대한 자기의 이해)와 다르지 않다. 하지만 이러한 이해는 개별 인간을 매개로 이뤄질 수밖에 없다. 그리고 앞서 언급한 것처럼 여기에는 '빈번한 착각'의 위험이 상존한다. 지금까지의 논의는 이러한 위험을 극복하기 위해서 어떤 방향(주관성 자체를 주관성 내부에서 객관화하는 방향)으로 나아가야 할지를 말해줄 뿐, 거기에 도달하기 위해서 무엇을 해야 하는지에 대해서는 알려주지 않는다.

한 가지 분명한 사실은 주관성이 주체의 의식에 국한된다면 객관화의 요구를 충족시키는 일이 불가능하리라는 점이다. 민족학자가 원주민의 주관적 파악과 아무런 공통점이 없는 주관적 파악을 제시하고 심지어는 그것이 원주민의 것과 일치한다는 착각에 빠지는 일은 분명 의식의 수준에서 이뤄진다. 하지만 의식이 전부라면, 주관적 파악 사이의 괴리를 극복하고 사물에 대한 객관적 이해에 도달하려는 목표는 '탁월하게 객관적인 의식의 소유자'라는 환상에 재차 호소해야만 달성할 수 있을 것이다. 문제는 자신이 그런 존재라고 의기양양하게 믿는 주체가 바로 빈번한 착각의 주인공이라는 점이다.

이런 난국을 돌파하기 위해 레비스트로스는 주관성의 다른 차원으로 눈을 돌린다. 민족학자와 원주민이 '나'라는 사적 개인으로서 의식하고 참조하는 주관성이 아니라 인간으로서 우리에게 공통된 '가장 보편적 주관성', 의식적으로 조절하거나 통제할 수 있는 주관성이 아니라 의식이 미치지 않는 '가장 내밀한 주관성'이 그것이다. 레비스트로스는 「역사 앞의 인류학(L'anthropologie devant l'histoire)」(1960)에서 이렇게 단언한다. "모든 과학 중에서 사회인류학만이 가장 내밀한 주관성을 객관적 증명의 수단으로 만드는 유일한 학문이다."[17] 이 내밀한 주관성 안에서 하나의 공통된 정신이, 즉 서로 다른 주관적 경험들을 일관된 모델로 변형시켜 이해 가능하도록 만드는 정신이 작용한다. 가장 내밀한 것이

---

17   C. Lévi-Strauss, "L'anthropologie devant l'histoire," *Annales. Economies, sociétés, civilisations*, 15e année, n°. 4, 1960. p. 634.

자 가장 보편적인 이 주관성의 다른 이름이 바로 무의식이다.

무의식은 주관성의 객관화를 가능하게 해주는 "문제 해결의 열쇠"(본문 48쪽)이자 레비스트로스의 인류학을 동시대의 사회과학으로부터 갈라놓는 주요 논점 가운데 하나이다. 여기서 무의식은 프로이트가 아니라 모스의 무의식, "집합적 사고의 범주"(본문 49쪽)와 동일시된 무의식이다.[18] 무의식이 해법을 제공하는 까닭은 그것이 "자기와 타인을 매개하는 항"(본문 47쪽)이기 때문이다. 무의식은 이런저런 집단에 특유한 것이 아니라 모든 인간에게 보편적인 것이기에, 자기와 타인 사이의 대립은 그 안에서 사라진다." 무의식은 또한 객관적인 것과 주관적인 것이 서로 만나는 영역이기도 하다. 무의식의 활동은 객관적 법칙을 따라 이뤄진다(그러한 한에서만 그것은 보편적일 수 있다). 이 법칙은 주관적 파악이 미치지 않는 곳에서 작동하면서 나와 타인의 "주관적 파악의 방식을 결정한다"(본문 46쪽). 따라서 학적 관찰자의 주관성과 원주민

---

18   더 멀리 올라간다면 그것은 칸트의 무의식이다. 레비스트로스는 『날 것과 익힌 것』의 서문에서 이에 대한 폴 리쾨르(P. Ricœur, "Symbole et temporalité," *Archivio di Filosofia*, n° 1-2, Roma, 1963)의 언급을 인용한다. "프로이트적이기보다는 오히려 칸트적 무의식, 범주적이고 조합적인 무의식…"(p. 9); "자연에 상응하는, 아니 어쩌면 자연 그 자체일, … 사고하는 주체에 준거하지 않는 범주적 체계…"(p. 10). 모스가 "종교와 언어에서처럼 주술에서도 무의식적 관념이 작용한다"(본문 46쪽)고 말할 때의 무의식이 바로 이러한 것이다.

의 주관성 사이의 대립은 무의식을 통해 객관적으로 극복될 수 있다. 무의식의 법칙이 사물에 대한 우리의 주관적 이해를 조직하기에, 주관성의 객관화라는 요구는 초월적 관찰자라는 (불가능한) 자리를 통해서가 아니라 주관성 내부에서 달성될 수 있게 된다.

　이런 식으로 자신이 설정한 인식론적 난제를 해소하면서, 레비스트로스는 인류학적 관찰의 문제를 무의식의 법칙적 활동을 확인하는 문제로 치환시킨다. 인류학의 과제는 "우리 것이면서 동시에 타인의 것이기도 한 활동 형태," "모든 시대, 모든 인간의 모든 정신적 삶을 조건 짓는" 활동 형태(본문 48쪽), 객관적이면서 주관화하는 것인 무의식의 활동 형태를 확인하는 일이 된다. 레비스트로스에 따를 때 민족지적 탐사는 우리를 바로 이러한 과업을 향한 도정에 위치시킨다. 민족지적 탐사 속에서 우리는 "우리에게 가장 낯선 타인을 마치 또 다른 자기 자신처럼 접근"(본문 48쪽)하게 된다. 우리는 낯선 사회의 낯선 삶의 방식을 마치 또 다른 자기의 삶처럼 이해하길 요구받는다. 앞서 말한 제삼의 시선(인류학의 시선)에서 상황을 바라본다면, 여기서 벌어지는 것은 자기와 또 다른 자기 사이의 커뮤니케이션이다. 더구나 민족학자와 원주민의 커뮤니케이션에 앞서 원주민의 사회적 삶 자체가 커뮤니케이션(말, 여자, 재화를 수단으로 한 커뮤니케이션)으로 점철되어 있기도 하다. 원주민은 이 커뮤니케이션에 대해 민족학자와 커뮤니케이션하고, 민족학자는 다시 이 커뮤니케이션에 대해 커뮤니케이션한다. 그래서 레비스트로스는 "민족학의 문제"가 "궁극적으로 커뮤니케이션의 문제"(본문 48쪽)라고 힘주어 강조한다. 모스가 말한 "총체적인 것의 연구이기도 한 구체적인 것의 연구"(본문 39쪽)는 이렇게 커뮤니케이션에 대한 연구가 된다.

지금까지 논의의 결과 레비스트로스가 인류학을 상징체계의 커뮤니케이션에 대한 연구로 정립시키고자 했음이 분명히 드러난다.[19] 커뮤니케이션은 상징체계의 '일'이며, 무의식은 이 일을 관장하는 법칙이 자리하는 영역을 가리킨다. 레비스트로스적 의미의 인류학은 어떤 상징체계의 커뮤니케이션을 관찰하고, 그 무의식적 조직 원리에 대한 일정한 이해 속에서 그것을 다시 커뮤니

---

19 커뮤니케이션과 무의식을 말할 때 레비스트로스는 언제나 언어(학)를 염두하고 있다. "언어학, 특히 구조언어학을 통해 우리는 정신생활을 규정하며 그 가장 일반적 형태들을 결정하는 근본적 현상이 무의식적 사고의 층위에 자리 잡고 있다는 생각에 익숙해졌"다(본문 47쪽). 언어를 통한 인간의 커뮤니케이션은 언어의 다양한 층위를 관장하는 법칙들을 의식하지 못한 채 이뤄진다. "주체가 필요한 학식과 기교를 가지고 있다 하더라도, 자신의 말에 의식적으로 음운론적·문법적 법칙을 적용하려 한다면 거의 즉시 생각의 흐름을 놓쳐 버리고 말 것이다"(C. Lévi-Strauss, *Mythologique I. Le Cruit et le Cuit*, Paris: Plon, 1964, p. 19). 레비스트로스는 이와 같은 종류의 무의식적 법칙이 언어 이외의 상징체계들에서도 작동하고 있으리라고 확신하면서 "커뮤니케이션의 이론에 따라 사회 전체를 해석하는 '코페르니쿠스적 혁명'에 착수"한다(C. Lévi-Strauss, "Postface aux chapitre III et IV," *Anthropologie structurale*, Paris: Plon, 1958, p. 95).

케이션하는 일이다. 이러한 사실에 비춰볼 때 레비스트로스에게 제기되곤 하는 심리학주의(인지주의, 유심론, 심리철학)의 혐의는 과녁을 빗나간 것이다.[20] 물론 "상징적 사고(la pensée symbolique)"의 법칙과 형식을 밝히는 심리학이 곧 인류학이라는 식의 진술은 그러한 의혹을 불러일으킬 수 있다. 하지만 상징적 사고라는 특유의 상투적 표현으로 레비스트로스가 가리키는 것은 상징체계의 원리, 논리, 법칙, 불변의 형식과 같은 것들이다. 가령 토테미즘적 사고는 토테미즘적 분류의 논리, 신화적 사고는 신화들이 생성되고 변형되는 원리 외의 다른 것을 지시하지 않는다. 상징적 '사고'를 말하는 매 순간 관건이 되는 것은 바로 상징체계의 '작동(opération)'이다.

---

20 레비스트로스는 1972년의 한 강연에서 자신을 향한 이러한 혐의에 대해 반박한다. "제 영미권 동료들은 제가 사반세기 전부터 사회적 사실의 연구에 적용해온 구조주의적 관점을 '관념론'이나 '유심론'으로 비판하곤 합니다. 심지어 저를 헤겔주의자라고까지 하지요. 또 제가 정신 구조를 문화의 원인으로 만들고 때로는 둘을 뒤섞어버린다고 비난하기도 하고, 그들이 '레비스트로스의 보편항(universaux lévi-straussiens)'이라고 비꼬며 부르는 것을 발견하기 위해 제가 정신 구조 연구에 직접 달려들고 있다고 믿기도 합니다. 만일 이것이 사실이라면, 정신이 그 안에서 작용하고 또 그것을 통해 자신을 표출하는 문화적 맥락들에 대한 연구는 실제로 별반 대수롭지 않은 일이 되어버릴 것입니다. 하지만 그렇다면 제가 대학 공부를 통해 준비했던 철학자의 경력을 이어가는 대신 인류학자가 되기로 작정한 이유가 어디에 있을까요? 그리고 왜 제 책들은 가장 소소한 민족지적 세부사항에 그토록 주의를 기울이는 걸까요?"(C. Lévi-Strauss, *Le Regard éloigné*, Paris: Plon, 1984, p. 144)

앞서 언급했듯이 무의식은 우리 각자에게 '내밀한 것'임과 동시에 모든 인간에게 '보편적인 것'이다. 여기에 또 하나의 규정을 추가한다면, 무의식은 우리 '외부'에서 작동하고 있는 상징체계의 차원을 가리킨다. 레비스트로스가 말하는 '상징적 사고의 무의식적 층위'나 '인간 정신의 무의식적 활동'은 문자 그대로 상징체계의 층위와 활동으로 이해되어야 한다. 레비스트로스는 내성적인 심리학주의의 화신이기는커녕 오히려 '주관성의 급진적 외부화'를 실천에 옮긴다. 사고는 나와 너에게 내밀하고 모두에게 보편적인 것을 통해 자기 자신의 '비밀'을 만들어낼 줄 아는, 우리 외부에 있는 체계의 몫이다. 인간이 신화를 사고하는 것이 아니라 인간이 모르는 사이에 "신화들끼리 서로 사고한다"고 레비스트로스가 말할 때,[21] 또 자신의 『신화학』은 "[신화들이] 내 안에서 사고한 방식"[22]을 풀어낸 것일 뿐이라고 설명할 때 그가 뜻하는 바가 바로 이것이다. 상징체계가 우리를 통해 사고(작동)한다. 상징체계의 정신이 곧 "인간으로서 우리"의 정신이다.

요컨대 여기서 사고, 정신, 무의식은 개인심리학의 용어도 집단심리학의 용어도 아니다. 그것은 레비스트로스가 말하는 "다른

---

21 C. Lévi-Strauss, *Mythologique I. Le Cruit et le Cuit*, Paris: Plon, 1964, p. 20.

22 C. Lévi-Strauss, *Le Regard éloigné*, Paris: Plon, 1984, p. 327

방식으로 지성주의적(intellectualiste) 심리학"(본문 82쪽)에 속하는 용어로서, 이 심리학은 총체적인 사회적 사실을 다루는 '총체적 인간학'의 한 부분을 구성한다. 우리의 가장 내밀한 주관성을 관장하는 객관적·법칙적 과정이기도 한 상징체계 작동의 논리적 절차를 논할 때 총체적 인간학은 심리학으로 나타나며, 사회적 삶의 일반적 형식들과 공통 규칙들, 그리고 인간이 세계를 구성하고 살아가는 다양한 방식들을 논할 때 총체적 인간학은 사회학으로 현상한다. 『서문』에서 레비스트로스는 모스가 "정신적인 것과 사회적인 것이 일체를 이룬다"(본문 32쪽)고 주장했음을 지적하는데, 마찬가지로 레비스트로스에게 '다른 방식으로 지성주의적 심리학'은 사회학과 일체를 이룬다.

교환(=커뮤니케이션)과 호혜성

다시 모스의 저작으로 돌아가자. 『서문』에서 가장 많은 분량을 차지하는 것은 『증여론』에 대한 논평인데, 레비스트로스는 명실상부 모스의 대표작인 이 작품에 사건적 지위를 부여한다. "민족학적 사유의 역사에서 처음"으로 "경험적 관찰을 넘어 더 근원적 실재에 도달하려는 노력"(본문 51쪽)이 『증여론』을 통해 이뤄졌다. 거기서 모스는 "사회적인 것은 체계에 통합될 때만 실재적"(본문 38쪽)이라는 입장에 서서, 그 인식의 문제를 "체계의 부분들 사이에서 연관성, 등가관계, 상호의존성을 찾아"(본문 52쪽)내는 문제로 제기한다.

이러한 지향은 언뜻 하나의 사회적 사실은 다른 사회적 사실을 통해서만 설명될 수 있다는 뒤르켐의 방법론적 준칙을 상기시키지만, 모스는 "현상들 사이의 불변하는 관계를 염두에 두고 그것들을 설명"(본문 57쪽)하려 했다는 점에서 뒤르켐을 넘어선다. 『증여론』은 "기술적, 경제적, 의례적, 미적, 종교적 활동을 포괄하는 사회활동의 산물들(도구, 수공업품, 식료품, 주문[呪文], 장식품, 노래, 춤, 신화)이 일정한 양식에 따라 이전(transfert) 가능하다는 공통된 특성에 의해 서로 비교될 수"(본문 52쪽) 있음을 간파하는바, 레비스트로스가 말하는 '불변의 관계'는 교환을 조직하는 관계이며 '근원적 실재'는 집단 사이에서 관철되는 호혜성의 사이클을 가리킨다.[23]

그러나 『증여론』은 "모스가 통과하지 못한 결정적 지점"(본문 59쪽)이 무엇이었는지 또한 드러낸다. 레비스트로가 보기에 "모스는 교환이 외견상 서로 이질적인 많은 사회활동의 공통분모"(본문 59쪽)임을 정확히 파악했지만, 동시에 일찍이 자신이 정식화했던 원칙, 곧 "전체의 통일성은 그 각각의 부분들보다 더 실재적"(본문 61쪽)이라는 원칙에 반해 교환을 해명하는 오류를 저질렀다. 『증여론』에서 개진된 아이디어들 중에서 가장 유명하고 가장 심도 깊은 영향력을 끼쳐온 것, 즉 주고, 받고, 돌려줄 삼중의 의무를 통해 선물의 순환이 이해될 수 있다는 착상이 바로 모스가 자기 자신에 반해 설치한 사고의 장애물이다. 전체에서 출발해야 한다는

---

23 레비스트로스는 이렇게 단언한다. "친족과 같은 사회과학의 핵심 영역에서, 모스가 단호히 주장했던 언어와의 유비 덕분에 어떤 사회에서나 찾아볼 수 있는 호혜성 사이클을 형성하는 정확한 규칙들을 발견할 수 있었다"(본문 57쪽).

마르셀 모스 저작집 서문

원칙을 깨고 모스는 교환을 그 부분들로, 세 가지 의무들로 분해한다.

문제는 또 다른 문제를 낳는다. 이 같은 의무들의 존재는 어떻게 설명할 것인가? 그것은 무엇으로부터 비롯된 것인가? 『증여론』에서 모스는 특히 돌려줄 의무에 주목하면서 이렇게 묻는다. "어떤 힘이 물건 안에 있기에 선물을 받은 이는 그것을 돌려줘야[그것에 답례해야] 하는가?"[24] 질문은 이미 답을 포함하고 있다. 물건 자체에 그것을 움직이는 효력이 내재해 있다. 물건 속에 "선물을 순환하게 하고, 주어지게 하고, 답례되게 하는 효력이 있다."[25] 모스는 마오리족이 하우(*hau*)라고 부른 것, 자신이 선물의 영(esprit)으로 간주한 것에서 의무를 지게 만드는 효력을 본다. 이로써 설명이 완결된다. "줄 의무, 받을 의무, 돌려줄 의무라는 뼈대 세 개를 감정적·신비적 접착제[하우]로 붙여 만든 복합적 체계"(본문 75~76쪽)가 교환일 것이다.

『서문』에서 개진된 레비스트로스의 반론은 교환을 요소들의 합성물이 아니라 분할 불가능한 전체로 이해해야 한다는 것, 의

24　M. Mauss, "Essai sur le don," *Sociologie et anthropologie*, Paris: PUF, 2013[1950], p. 148.

25　같은 책, p. 214.

무들이 아니라 교환 자체를 "근원적 현상"(본문 60쪽)으로 간주해야 한다는 것이다. 교환을 전제로 할 때에만 주고, 받고, 돌려주는 일이 가능하다. 개별 작용들이 모여서 교환을 만드는 것이 아니라 교환이 개별 작용들을 통해 구현된다. 뒤따르는 문제는 교환의 이 같은 '근원적 지위'를 방어하는 일인데, 레비스트로스의 이론 안에서 이는 당연히 상징체계에 준거해서 해결되어야 한다. 레비스트로스에 따를 때 "교환은 상징적 사고에 즉각 주어진 종합이자 상징적 사고를 통해 주어지는 종합이다"(본문 76쪽). 상징적 '사고'는 상징체계의 '작동'을 지시하는 것이므로, 이 진술은 교환이 상징체계에 의해 조직되는 작동이자 상징체계를 조직하는 작동이라는 말과 같다. 이를 염두에 두고 『서문』의 한 대목을 읽어보자.

> 다른 모든 커뮤니케이션 형태에서와 마찬가지로 교환에서도 상징적 사고는 자신에 내재한 모순을 극복해낸다. 사물을 자기와 타인 양쪽에게 있어 대화의 요소로 인식하는 한편, 그 본성상 한쪽에서 다른 쪽으로 건네져야 하는 것으로 인식하는 모순이 그것이다. 이때의 사물이 나의 것인지 타자의 것인지는 애초의 관계적 성격에 비하면 부차적인 문제이다. (본문 76쪽)

인용문은 교환을 커뮤니케이션의 한 형태라고 쓰고 있지만,

사실 레비스트로스는 교환과 커뮤니케이션을 동일시하는 입장을 여러 곳에서 피력한다. 재화 또는 서비스를 수단으로 한 커뮤니케이션이 곧 경제적 교환이다. 친족관계와 혼인의 규칙들은 여자를 수단으로 한 집단 간 커뮤니케이션, 즉 여자교환을 보장한다. 그리고 통상적 의미의 커뮤니케이션은 말의 교환, 메시지의 교환과 다름없다.[26]

상징체계의 작동을 커뮤니케이션(=교환)으로 볼 수 있는 이유를 이해하기 위해서는 상징체계가 무엇으로 구성되어 있는지를 알아야 한다. 대립과 상관관계로 연결된 항들, 역으로 말하자면 항들 간의 대립과 상관관계들이 상징체계를 구성한다.[27] 예컨대 교차사촌과 평행사촌의 대립(그리고 이 대립과 인척/혈족 대립의 상

---

26 C. Lévi-Strauss, *Anthropologie structurale*, Paris: Plon, 1958, pp. 95, 326.

27 레비스트로스는 대립(즉 차이 나는 것들의 짝짓기)을 상징체계를 구축하는 기본 논리로 간주한다. 유사성은 차이에 예속된다. "유사성은 그 자체로 존재하지 않는다. 그것은 차이의 특수한 경우, 즉 차이가 제로에 가까워지는 경우일 뿐이다. 그러나 차이는 결코 완전히 제거되지 않는다"(C. Lévi-Strauss, *Mythologiques IV. L'Homme nu*, Paris: Plon, 1971, p. 32). 언어를 필두로 한 상징체계는 항들 사이의 대립을 근간으로 하며, 유사성을 비롯한 여타의 상관관계들은 이미 대립하고 있는 항들 사이에 설정된다. 한편 흔히 이야기되는 것과 달리 레비스트로스는 이항대립에만 집착하지 않는다. 날 것과 익힌 것 사이에 썩은 것을 끼워 넣는 '요리의 삼각형'이 이를 잘 보여주는데, 레비스트로스는 제삼의 항의 매개를 통해 이원적 대립을 극복하는 논리적 절차를 신화 분석에서 적극 활용한다. 예컨대 농업/전쟁의 대립은 사냥에 의해, 초식/육식의 대립은 시체식(屍體食)에 의해 중개될 수 있다.

관성), 날 것과 익힌 것의 대립(그리고 자연/문화 대립과의 상관성), 두 반족(moitié)의 대립(그리고 두 동물 종의 대립과의 상관성)처럼 말이다. 이 같은 대립·상관관계들의 확립과 재조정은 커뮤니케이션을 통해서만 이뤄질 수 있으므로 커뮤니케이션은 상징체계의 작동이다. 상징체계는 곧 커뮤니케이션 체계, 커뮤니케이션을 조직하는 체계이자 커뮤니케이션을 통해 조직되는 체계이다.

커뮤니케이션에 의해 '극복'되는 상징적 사고의 내재적 '모순'에 대한 인용문의 진술을 이러한 견지에서, 즉 커뮤니케이션이라는 '작동'을 통한 상징체계의 '구성'이라는 견지에서 이해할 수 있다. 한편으로, 자기/타인은 커뮤니케이션을 통해 말하는 자/받는 자가 되며, 그렇게 말하고 받을 때 나/너의 대립관계가 상징체계(커뮤니케이션 체계)의 존재 조건으로서 관철된다. 다른 한편, 나와 너가 말을 주고받는 과정 속에서 온갖 사물들은 대화의 요소로서, 즉 기호로서 일정한 상징적 관계들 속에 배치된다. 어떤 동물, 가령 캥거루나 도마뱀은 레비스트로스의 말처럼 비단 "먹기 좋은 것"이 아니라 "사고하기에 좋은 것"이다.[28] 모든 사물은 커뮤니케이션하기에 좋은 것, 대립과 상관관계로 짝지어지기에 좋은 것이

---

28   C. Lévi-Strauss, "Le Totémisme aujourd'hui," *Œuvres*, Paris: Gallimard, 2008, p. 533.

다. 그러므로 "사물이 나의 것인지 타자의 것인지는 애초의 관계적 성격에 비하면 부차적인 문제이다."

이런 식으로 레비스트로스는 교환(=커뮤니케이션)에 "근원적 현상"이라는 지위를 부여한다. 상징체계의 작동인 교환(=커뮤니케이션)은 사회생활 속에서 전면적으로, 총체적으로 전개된다. "총체적 현상인 교환은 우선 총체적 교환, 즉 음식과 제작물, 또 가장 값진 재화의 범주인 여자를 포함하는 교환이다."[29] 논의의 지평이 상징체계에서 사회생활로 넘어가는 이 지점에서 대개 호혜성으로, 때로는 상호성으로 번역되는 réciprocité의 개념이 도입된다. 그것이 내포하는 아이디어는 무언가를 받았으면 상응하는 것을 돌려줘야 한다는 것, 즉 대갚음해야 한다는 것이다. '서로 대갚음'의 아이디어와 함께 상징체계의 작동인 교환(=커뮤니케이션)은 사회생활의 근본 조건이자 요구로 변모한다. 교환을 거부한다는 것은 고립의 상태, 잠재적 상호적대의 상태에 머문다는 것인 반면, 교환한다는 것은 타자와의 관계 속으로 들어간다는 것, 사회생활에 참여한다는 것이다. 이런 관점에서 사회생활 일반은 개인들·집단들 사이에 이뤄지는 온갖 종류의 가치들의 순환 외의 다른 내

---

29 C. Lévi-Strauss, *Les Structures élémentaires de la parenté*, Le Haye-Paris, Mouton et Cie, 1967[1950], p. 71.

용을 갖지 않을 것이다.

사람들이 서로 대갚음할 때 사회생활이 있으므로, 호혜성은 실로 중차대한 이론적 의의를 지니지 않을 수 없다. 호혜성은 삼중의 의미에서 원리가 된다. 첫째, 그것은 사회의 존재 근거가 되는 실재 원리이다. 서로 대갚음하는 원리가 구현될 때, 오직 그때 사회생활이 있다. 둘째, 호혜성은 행위의 규범이 되는 실천적 원리이다. 사회생활은 "타자로부터 그리고 타자를 통해 자기가 가장 원하는 것을 획득"[30]하는 일이 서로 대갚음의 규범을 통해 일반화되길 요구한다. 셋째, 호혜성은 인식의 근거가 되는 원리이기도 하다. 가령 근친상간 금지가 서로 대갚음의 원리에 의해 해명된다.『서문』이 발표되기 한 해 전에 출간된『친족관계의 기본구조』에서 레비스트로스는 특정 친족과의 성적 결합을 금지하는 규칙을 친족집단 간 여자교환을 정초하는 호혜성의 법으로 해석하면서,[31] 여자라는 "최고의 선물"의 교환을 통해 자연에서 문화, 동물적 삶에서 인간적 삶으로의 이행이 발생했다고 설명한다.

---

30 M. Hénaff, *Claude Lévi-Strauss, le passeur de sens*, Paris: Perrin, 2008, p. 91.

31 "근친상간 금지는 어머니, 누이, 딸과의 혼인을 금지하는 규칙이라기보다 어머니, 누이, 딸을 다른 이에게 주도록 강제하는 규칙이다"(C. Lévi-Strauss, *Les Structures élémentaires de la parenté*, Le Haye-Paris: Mouton et Cie, 1967[1950], p. 552).

부유하는 기표

사회적 삶은 호혜적이고, 호혜적이어야 하며, 또 호혜적인 것으로 설명될 수 있다는 이 같은 관점은 『증여론』의 일반적 결론에 상응하는 것이지만, 레비스트로스는 모스의 논증과는 다른 길을 거쳐 거기에 가닿는다. "모스가 통과하지 못한 결정적 지점"을 그 자신 통과하면서, 레비스트로스는 교환(=커뮤니케이션)이 상징체계의 작동의 자격으로 "근원적 현상"을 이룬다고 주장한다. 이런 이유에서 교환을 사회적 의무들로 분해한 모스가 비판받아야 마땅하듯, 하우라는 신비적 접착제를 통해 이를 다시 조립하는 모스 역시 비판되어야 한다.

모스는 하우를 사물에 깃든 "불가해한 역량과 신비로운 힘"(본문 74쪽)으로 이해하는 동시에 교환을 설명해주는 원리로 받아들이는데, 레비스트로스가 보기에 이 같은 하우의 지위는 주술 이론에서 마나(mana)가 차지하는 것과 유사하다. 불가해한 힘을 통해 현상을 이해 가능하게 만들려는 모스를 "원주민에게 현혹된 민족학자의 (그리 드물지 않은) 사례 중 하나"(본문 61쪽)로 간주할 때, 더 심하게는 모스가 자신의 이론 체계 안에서 하우와 마나가 획득한 속성을 원주민의 사유에 전가하고 있다고 비판할 때, 레비스트로스가 견지하고 것은 사회현상은 상징체계를 통해 설명되어야 한다는 앞서 언급한 원칙이다. 모스는 하우와 마나를 감정, 의지, 믿음의 질서에 위치시키지만, "사회학적 설명의 관점에서 볼 때 감정과 의지, 믿음은 부수적 현상 아니면 신비로운 현상으로서 어느 쪽이든 조사 영역에서 벗어난 대상일 뿐이다"(본문 73쪽). 하우와 마나는 "그것의 도움으로 구성되는 관계"(본문 73쪽)의 층위, 즉 상징적 관계의 층위에서, 따라서 상징체계의 작동에 준거해서 해명되어야 한다.

레비스트로스는 마나에 집중해 자신의 견해를 피력한다. 상징적 사고(최소한 그 무의식적 절차)는 보편적인 것이므로, 마나 역시 '원시인'에게 특유한 것이 아니라 어떤 "보편적이고 항구적인 사고 형태"(본문 70쪽)을 보여주는 것일 수 있다. 다시 말해 그것은 "사물 앞에 직면한 정신의 특정 상황과 상관관계를 맺고 있어서 그런 상황이 주어질 때마다 반드시 나타나게끔 되어 있는 것"(본문 70쪽)일 수 있으며, 실제로 마나 유형의 개념들은 과거에 생각했던 것보다 훨씬 더 널리 퍼져 있는 것으로 확인되었다. 어쩌면 프랑스인들이 일상적으로 활용하는 truc(그거)이나 machin(거시기)과 같은 단어 또한 마나가 말해지는 상황과 동일한 상황에서 발화되는 것일 수 있다. 정신이 "미지의 것 또는 용도가 불분명한 대상, 아니면 놀라운 효력을 가진 대상"(본문 71~72쪽)과 마주한 상황이 바로 그것이다.

다음과 같은 이유에서 이러한 상황은 필연적이다. 상징체계는 외부를 갖지 않는다. 언어의 출현과 함께 "아무것도 의미가 없는 단계에서 모든 것이 의미를 갖는 단계로의 이행이 일어났"(본문 77쪽)으며, 따라서 모든 사물은 상징체계에 포섭되어 있다. 하지만 모든 것이 의미를 가진다는 사실이 곧 모든 것이 인식되었다는 말은 아니므로, 알지 못하는 것, 불가해한 것에도 의미를 부여해야 하는 경우가 있을 수밖에 없다. 바로 이때 마나 유형의 개념이 개입하며, 이로부터 "일견 해결 불가능해 보였던 이율배반"(본문 80~81쪽)이 해명된다. "마나는 힘이자 행위, 질이자 상태, 명사이고 형용사이자 동사, 추상적인 것이자 구체적인 것, 편재하는 것이자 국지적인 것"(본문 81쪽)이라는 이율배반은 마나가 이 가운데 어떤 것도 아닐 때 해소된다. 마나는 그 자신 고유한 의미를 지니지 않은 "제로 상징가"(본문 81쪽)으로서 아무런 가치나 지닐 수 있게 된다. 이처럼 "어떠한 상징적 내용물도 취할 수 있는 순수 상태의 상징"(본문 81쪽)의 자격으로 마나는 특유의 의미론적 기능(fonction sémantique)을 수행한다. 마나는 특정 기의에 결박되지 않은 채 상징의 바다를 떠다니면서 의미의 결여를 막아주는 "부유하는 기표"(본문 80쪽)이다.

　이러한 해석은 인류학적 관찰에 대한 앞선 논의와의 연결 속에서 그 의의를 드러낸다. 우선 두 내부자적 이해가 있다. 마나·하우를 통한 원주민들의 현상 이해와 그에 대한 모스 나름의 이해가 그것인데, 레비스트로스는 이 둘을 상징체계 작동의 일반적 조건과 관련해서 해명한다. 의미의 구멍 또는 상징화되지 않고 남아 있는 잔여는 상징체계의 체계로서의 존재를 위협한다. 상징체계는 총체적이어야 하며, 마나·하우와 같은 부유하는 기표는 이 요구를 달성하기 위한 상징체계의 'truc(묘수)'이다. 그것을 통해 상징체계는 우주의 모든 것을 남김없이 의미할 수 있게 된다. 그 존재로 인해 모든 것이 커뮤니케이션 가능해진다는 점에서 제로 상징가는 "상징적 사고의 실행을 위한 조건 자체에 해당한다"(본문 80쪽).

　이로써 왜 마나와 하우 같은 개념이 이름을 달리 한 채 세계 여기저기에서 관찰되는지가 설명된다. "하우가 그러하듯 마나 역시 인식되지 않은 총체성의 요구를 주관적으로 반영한 것에 불과하다"(본문 75쪽). 그것은 상징체계의 중단 없는 작동이 필요로 하는 "의미론적 기능의 의식적 표현"(본문 80쪽)이다. 따라서 마나·하우에 주목할 때 모스는 마땅히 해야 할 일을 한 셈이지만, 그것을 특정한 감정을 불러일으키며 작용하는 신비적 힘으로 해석함으로써 사태의 핵심을 놓치게 된다. 하우는 주고, 받고, 돌려줄 의무들을 접합시켜 교환을 만들어내는 힘이 아니라, 한편으로 상징체계를 통해서만 삶을 살아갈 수 있는 모든 존재에게 부과된 운명, 다른 한편으로는 기호로서 상징체계에 포섭되지 않을 수 있는 모든 사물의 운명을 반영하는 것이다. 나와 너는 교환(=커뮤니케이션)하도록 운명지어져 있고 사물은 교환(=커뮤니케이션)되도록 운명지어진바, 하우는 이 같은 무의식적 요구를 의식적으로 표현하는 관념이다. "사회적인 것의 증거는 정신적인 것일 수밖에 없다"(본문 40쪽)은 정식이 여기서 확인된다. 하우는 교환의 원인이 아니라 증거이다.

의문들

지금까지 역자들의 해설이 『서문』에서 압축적으로 개진된 레비스트로스의 사유를 뒤따라갔다면, 이쯤에서 잠시 방향을 돌려 몇 가지 의문점을 짚고 넘어갈 필요가 있다.

첫 번째 의문은 『증여론』에 대한 『서문』의 논평이 증여가 아니라 교환만을 이야기하고 있다는 사실을 향한다. 물론 이는 레비스트로스 자신에게는 문제가 아닌데, 왜냐하면 그에게 있어 증여는 교환의 일종, 즉 선물교환이기 때문이다. 『증여론』의 부제를 "태고 사회의 교환 형태와 이유"라고 붙인 모스의 관점도 이와 대동소이하지만, 레비스트로스는 교환을 커뮤니케이션과 등치하고 커뮤니케이션을 상징체계의 작동으로 설정함으로써 이 관점을 급진화한다. 모든 것은 교환이다. 사회생활의 내용은 교환 이외의 아무것도 아니며, 동물적 삶과 구별되는 인간의 사회적 삶이 시작된 것도 교환과 함께였다.

그러나 일상 언어와 학적 언어 모두에서 교환이 사물 이전 일반이 아니라 그 특수한 방식을 가리킨다는 점에서 애매함이 비롯된다. 따라서 누군가는 증여와 교환을 별개의 것으로 볼 수 있다. 교환/호혜성/재분배를 구분하는 칼 폴라니의 유형학에서, 증여는 호혜성에 대응하는 것으로서 교환과 대비된다.[32] 드니 비달은 이와 상이한 관점(즉 증여는 호혜성의 원리를 따르지 않는다는 관점)에서 출발해 동일한 결론을 내린다. "우리는 보상으로 제공되는 이익이 체계적으로 보장되지 않는 경우에만 선물을 '선물'이라고 부를 수 있다. […] 증여의 위험성 또는 그것에 내재하는 고귀함은 정확하게 선물이 그 본질상 일방적인 행위라는 점에 있다."[33] 증여는 본질상 일방적 행위로서 본질상 쌍방적 행위인 교환과 대립한다. 이는 "재화의 양도로부터 발생할 수 있는 모든 권리, 특히 반대급부로 무엇인가를 청구할 수 있는 권리의 포기를 내포"하는 증여의 질서를 바로 이 권리에 의해 정의되는 교환의 질서와 구분하는 알랭 테스타의 입장이기도 하다.[34] 레비스트로스의 학문적·제도적

---

32   칼 폴라니, 『인간의 살림살이』, 이병천·나익주 옮김, 후마니타스, 2017.

33   D. Vidal, "The Three Graces, or the Allegory of the Gift. A Contribution to the History of an Idea in Anthropology," *HAU: Journal of Ethnographic Theory*, vol. 4(2), 2014, p. 363.

34   A. Testart, "What Is a Gift?," *HAU: Journal of Ethnographic Theory*, vol. 3(1), 2013, p. 258.

계승자인 필리프 데스콜라가 이 입장을 받아들인다는 사실[35]은 상징체계에 대한 레비스트로스의 이론에 내포된 교환의 보편주의가 가진 애매함을 방증한다.

이 문제는 호혜성 개념과 연결되면서 또 다른 문제를 낳는다. 사회생활을 교환을 통해 조직된 것이자 교환을 조직하는 과정처럼 제시하는 레비스트로스의 관점에서 호혜성은 말하자면 '원리적 긍정성'을 획득하게 된다. 호혜성은 고립과 적대의 가능성을 억압하면서 사회생활 자체를 성립시키는 것으로서 긍정되며, 이는 réciprocité가 호혜성으로, 서로 혜(惠)를 주고받는 원리로 번역된다는 사실에도 반영된다. "증여-교환의 도덕"에서 "우리 사회가 나아가기를 바라는 유형"을 찾는 『증여론』의 '도덕적 · 정치적 결론' 부분에서도 호혜성에 대한 긍정이 나타나며,[36] 마르셀 에나프는 고립된 모나드들의 적대와 무지의 상태에서 상호인정과 타자를 향한 열림의 상태로의 이행이라는 서사를 통해 호혜성을 가일층 긍정한다.[37] 그러나 사회적 삶이 좋은 것들로만 이뤄져 있지

---

35 Ph. Descola, *Par-delà nature et culture*, Paris: Gallimard, 2005, pp. 427~431.

36 M. Mauss, "Essai sur le don," *Sociologie et anthropologie*, Paris: PUF, 2013[1950], p. 264.

37 M. Hénaff, *Claude Lévi-Strauss, le passeur de sens*, Paris: Perrin, 2008.

마르셀 모스 저작집 서문
138

않음은 우리 모두 경험을 통해 익히 알고 있는 사실이다. 교환의 구조만이 아니라 위계의 구조, 지배-종속과 착취의 구조가 사회 생활을 떠받치고 있다. 적대, 혐오, 몰인정은 비사회적인 것이 아니라 실상 지극히 사회적인 현상이다. 또 만성적 전쟁 상태에 있는 아마존 원주민 집단들은 끝없는 복수의 연쇄 안에서만 자기 자신으로 존재할 수 있는데, 이는 타자를 향한 열림이 복수를 통해서, 타자를 죽이고 그 일부를 흡수(식인주의)하는 방식으로도 이뤄질 수 있음을 보여준다.[38]

그리하여 우리가 어떤 사회적 현상은 호혜적(réciproque)이지 않다고 결론 내릴 수 있다면 문제는 차라리 덜 심각했을 것이다. 하지만 대갚음은 당연히 복수에서도 식별되며(프랑스어에는 대갚음과 복수를 함께 일컫는 revanche라는 단어가 있다), 위계적 관계, 지배-종속의 관계, 착취관계도 쌍방이 서로 불균등한 것을 교환하는 상황으로 이해될 수 있다. 즉 진정한 문제는 자기와 타자 사이에서 이뤄지는 모든 형태의 상호작용을 교환으로 처리할 수 있다는 것인데, 이렇게 되면 réciproque라는 기표는 변별적 가치를 잃어버리게 된다. 오간다, 주고받는다, 서로 대갚음한다고 기술하지 못할

---

38 에두아르두 비베이루스 지 카스트루, 『인디오의 변덕스러운 혼』, 존재론의 자루 옮김, 포도밭, 2022.

일은 사실상 존재하지 않으며, 그 결과 호혜성은 모든 것을 무차별적으로 포괄하는 개념, '저것이 아닌 이것'을 지시할 수 없는 개념으로서 무의미한 것이 되고 만다. 이 점에서 있어서, 그리고 많은 학자들이 호혜성 개념을 사용하는 방식을 염두에 둘 때, 호혜성과 마나 · 하우와의 기능적 유사성을 지적하지 않을 수 없다. 그 자체 아무런 인식론적 가치를 갖지 않는 것으로서, 호혜성은 인간의 사회적 삶에 대한 인식의 결여를 막아주는 고유한 인식론적 기능을 수행하는 것이 아닐까? 그것은 사회생활을 주제로 한 담론의 바다 위를 떠다니면서 인식의 부재를 '인식의 느낌'으로 메워주는 '제로 인식가'이지 않을까? 레비스트로스가 의도했건 아니건, 사회생활에 대한 그의 이론(상징체계)에서 호혜성 개념은 이러한 역할을 떠맡으면서 총체성의 요구에 답하는 것처럼 보인다.

이에 반해 마나와 하우는 레비스트로스가 미처 보지 못한 인식론적 가치를 지닌 듯하다. 부유하는 기표, 제로 상징가라는 정의가 프랑스어 truc과 machin('거시기 그거')에 꽤나 잘 들어맞는 반면, 마나와 하우는 특정한 의미를 가지고 있고 그러한 한에서 아무 곳으로나 떠밀려 다닐 수 없는 것일 수 있다. 멜라네시아와 폴리네시아 대부분의 지역에서 통용되던 마나는 『주술의 일반이론 개요』(1902~1903)가 포착하듯 어떤 힘 · 존재 · 작용 · 속성 · 상태를 동시에 지시하는 것이자 명사 · 형용사 · 동사의 형태로 활용되는 것이다.[39] 레비스트로스의 제로 상징가 가설이 이러한 사실에 대한 하나의 설명을 제시한다면, 다음과 같은 점들을 고려하면서 또 다른 설명(오히려 모스의 해석에 가까운)을 모색해 볼 수 있다. 한편으로, 마나가 힘·존재·작용·속성·상태라는 다양한 양태를 가진다는 사실은 그 이동 또는 전이 가능성과 연결된다. 비가시적이지만 실제적 결과를 낳는 효력인 마나는 어떤 구체적 대상(사물, 사람, 장소, 사건)에 스며들어 작용했다가 다시 그로부터 분리되어 세계를 떠돈다. 다른 한편, 마나가 언급되는 상황은 주술적·종교적 의식(반드시 거창한 것일 필요는 없다)의 상황으로, 마나는 그 실제 용례에서 주로 '효력이 있다', '힘이 있다', '실현되다'라는 의미의 상태 동사로 쓰이거나 '축복하소서', '도와주소서', '잘되게 해주소서'라는 뜻을 지니면서 기도나 기원을 끝맺을 때 사용된다.

이로부터 다음의 가설이 허용된다. 마나는 고유한 의미를 결여한 기표가 아니라 효력이라는 의미에 대응하는 기표로서 모든 것이 될 수 있다. 이때의 효력은 물고기를 잡게 해주는 그물, 사냥감을 쓰러뜨리는 화살, 풍성한 수확을 약속하는 밭의 효력이자 수

---

39 M. Mauss, "Esquisse d'une théorie générale de la magie," *Sociologie et anthropologie*, Paris: PUF, 2013[1950], p. 101.

장을 위대하게 만들고 부자를 부유하게 만드는 효력이며, 또한 멀쩡히 살아있던 자를 죽이고 다 죽어 가던 이를 살리는 주술사나 치료사, 그리고 그들이 사용하는 비법의 효력이다. 그렇다면 이러한 효력은 어디에서 비롯되는 것일까? 『주술의 일반이론 개요』에 따를 때 마나에 연루된 것은 "영적 존재의 힘, 즉 조상의 영과 자연의 정령의 힘"이며,[40] "가장 탁월하게 주술적인 존재와 사물은 망자의 영, 그리고 죽음과 관련된 모든 것"이다.[41] 요컨대 마나는 '초인간' 존재들의 개입이 발생시키는 효력을 지시한다.

이처럼 마나가 초인간과 사람, 사물, 사건 사이에서 작용하는 효력을 가리킨다면, 하우는 한 사람·사물·사건과 다른 사람·사물·사건 사이의 관계를 환기하기 위해 언급되는 것으로 설정될 수 있다. 『증여론』에서 모스는 마오리족 현자 타마티 라나이피리(Tamati Ranaipiri)의 다음과 같은 설명을 인용한다.

예를 들어 당신이 특정한 물품(타옹가)을 가지고 있고 그것을 나에게 준다고 가정해 봅시다. 당신은 가격을 매기지 않고 그것을 줍니다. 우리는 매매를 하고 있는 게 아닙니다. 이제 내가 이 물품을 제3자에게

40   같은 책, p. 103.
41   같은 책, p. 113.

주면, 얼마간 시간이 지난 후 그는 나에게 보답하기로 결정하고 무언가(타옹가)를 선물합니다. 그가 내게 주는 이 타옹가는 내가 당신에게서 받았고 또 그에게 넘겨준 타옹가의 영, 하우입니다. 나는 당신이 준 타옹가로 인해 내가 받게 된 타옹가를 당신에게 돌려줘야만 합니다. […] 왜냐하면 그것은 하우, 당신이 내게 준 타옹가의 하우이기 때문입니다. 만일 이 두 번째 타옹가를 간직한다면, 나는 병에 걸리거나 심지어는 죽게 될지도 모릅니다. 이러한 것이 바로 하우, 개인 소유물의 하우, 타옹가의 하우, 숲의 하우입니다. *Kati ena*(이 주제에 관해서는 이것으로 충분합니다).[42]

인용문의 해석을 둘러싼 기존의 논쟁을 되짚는 대신,[43] 하우 개념을 『증여론』에서 제기된 다른 중요한 아이디어들과 연결시켜 보기로 하자. 누군가에 선물한다는 것은 곧 "자기 자신의 어떤 것을 주는 일"[44]이라는 아이디어와 결합할 때, 하우는 증여자의 어떤 것이 선물에 남아 있다는 관념을 표현하는 것으로 해석될 수

42   M. Mauss, "Essai sur le don," *Sociologie et anthropologie*, Paris: PUF, 2013[1950], pp. 158~159.

43   모리스 고들리에, 『증여의 수수께끼』, 오창현 옮김, 문학동네, 2011, 80~91쪽 참고.

44   M. Mauss, "Essai sur le don," *Sociologie et anthropologie*, Paris: PUF, 2013[1950], p. 161.

있다(이것이 모스 자신의 해석이다). 이 경우 라나이피리는 다음과 같은 이야기를 하고 있는 셈이다. 내가 너에게서 받은 선물에는 너 자신의 어떤 것이 남아 있고, 그러한 한에서 네가 준 물건을 다른 이에게 선물한 결과로 내가 얻게 된 물건에도 너 자신의 어떤 것이 들어 있다. 그러므로 그 물건은 너에게 되돌아가야 한다.

하우라는 관념이 증여자의 무언가가 선물에 남아 있음을 표현한다는 착상이 핵심적인 이유는 그것이 위에서 제기한 일련의 문제들을 해소하는 방식으로 레비스트로스의 상징체계 이론을 보완하는 길을 열어주기 때문이다. 증여를 자기와 타인이 사물-기호를 가지고 행하는 커뮤니케이션으로 보는 일은 전적으로 정당하다. 하지만 이것만으로 충분하다고는 할 수 없는데, 가령 상점에서 담배를 살 때 벌어지는 일도 이와 같기 때문이다. 『증여론』이 제공하는 또 다른 영감을 끌어와 이야기하자면, 차이는 증여의 질서에서 사람들은 '이름 가진 나'로서 행위해야 하는 반면 상업적 관계에서는 이 같은 문제가 제기되지 않는다는 데 있다. 거기서 문제는 나에게 지불 능력이 있는지 없는지, 네가 주기로 약속한 것을 실제로 주는지 아닌지의 여부일 뿐이다. 내가 어떤 이름(친구, 딸, 남자, 수장, 국민 등)에 값하는 존재임을 인정받는 일이 증여에 걸려 있다면, 상점에서는 내가 교환의 보편적 상징인 화폐의 특정 양을 지니고 있는지가 문제될 뿐이다.

이로써 하나의 이론적 요구가 성립한다. 커뮤니케이션이 곧 교환이고, 교환은 사회생활의 모든 것이라는 식의 무차별성에 만족하는 대신 커뮤니케이션의 여러 양식들을 구별하는 작업에 착수해야 한다. 증여와 대비되는 교환에서는 사물들의 상대적 가치가 커뮤니케이션된다. 그래서 사람들은 교환에 앞서 가격을 비교하거나 흥정에 나선다. 반면 교환과 대비되는 증여는 사람들의 상대적 가치를 커뮤니케이션한다. 증여는 나 자신의 가치 — 진정한 친구, 효녀, 용맹한 전사, 위대한 수장, 애국자 등 — 와 그에 상관적인 너의 가치를 커뮤니케이션하는 일이다. 선물에 남아 있는 증여자의 어떤 것은 그의 지위, 신분, 인격을 상징하는 이름이며(선물은 언제나 누군가의 선물, 예컨대 딸 영희의 선물, 마르셀 모스 선생님의 선물, '부를 흩뿌리는 자'라고 불리는 수장의 선물이다), 하우는 이 사실이 한편으로는 수증된 사물의 성격에, 다른 한편으로는 수증자의 행위에 대해 가지는 효력을 지시한다. 선물이 환유하는 이름의 효력을 지시하는 기표로서, 하우는 레비스트로스가 상정한 것과는 다른 방식으로 상징체계의 작동에 참여한다. 라나이피리가 말하듯 하우는 지금 내 손에 있는 것이 내 것이 아니라는 사실, 그것은 어떤 이름을 지닌 누군가에게 주어져야 할 것이라는 사실을 커뮤니케이션한다. 하우는 증여라는 고유한 커뮤니케이션 양식의 요구를 커뮤니케이션하며, 이런 의미에서 그것은 하나의 객관적 효력으로서 선물에 내재한다고 할 수 있다.

결국 비판의 핵심은 레비스트로스가 '커뮤니케이션의 일반 이론'을 향해 너무 서둘러 달려갔다는 것으로 요약된다. 교환에 대한 모스의 이해를 비판하는 『서문』의 언어를 모방해 말해보자면, 이론적으로는 모든 면에서 마땅히 변별적 양식들이 있어야 함에도 불구하고 레비스트로스는 커뮤니케이션을 상징체계의 작동으로 식별한 후 사회생활의 모든 것을 교환으로 환원하는 길로 빠져버렸으며, 호혜성이라고 불리는 원리가 이를 적극 추동했다. 그러나 상징체계가 대립과 상관관계를 조직하는 방식으로 작동(커뮤니케이션)한다는 생각을 이 작동 자체에 적용하기만 하면, '대립·상관관계에 있는 커뮤니케이션 양식들'이라는 문제의 지평이 열리게 된다. 그리고 양식의 다양성은 원리의 다양성에 대응할 것이므로, 우리가 기대하는 상징체계의 이론은 호혜성이라는 '모든 것의 원리'(따라서 그 무엇의 원리도 아닌 것)에 만족하는 대신 다양한 커뮤니케이션 양식들을 식별하고 차례차례 분석해 나가면서 각각에 특유한 절차와 고유한 합리성을 찾아낼 것이다.

구조주의적 방법과 인류학적 관찰

　　해설을 시작하며 언급한 것처럼 『서문』에서 레비스트로스는 구조주의라는 탐구 방법의 정당성을 모스의 저작에 대한 "매우 개인적인 해석"을 통해 확보하고자 한다. 주지하듯 레비스트로스를 구조주의로 이끈 것은 구조언어학, 특히 트루베츠코이와 야콥슨으로 대표되는 프라하 학파의 음운론이었다. 「요리의 삼각형(Le trinagle culinaire)」(1965)에서 레비스트로스가 요약한 바에 따를 때, 음소(단어의 뜻을 구별해 주는 소리의 최소 단위)들은 대립을 통해 체계에 통합되며 오직 그러한 한에서, 즉 체계를 이루는 항들로서만 변별적 가치를 가진다. 근본적인 대립은 자음과 모음의 대립이며, 자음들과 모음들은 조밀/확산(compact/diffus), 개방/폐쇄(ouvert/fermé), 높음/낮음(aigu/grave)의 대립에 입각해 서로 구분된다. 야콥슨이 모음 삼각형이라고 부른 a, u, i의 대립관계와 자음 삼각형이라고 부른 k, p, t의 대립관계는 모든 언어에 공통된 구조를 형성하며, 개별 언어는 이를 다양한 방식으로 현실화시킨다.

레비스트로스의 기획은 음소들의 대립관계에 의해 구조화된 체계라는 아이디어와 그에 연동하는 방법론적 전략을 소리나 단어보다 상위 수준의 언어적(=사회적) 실재에 적용하는 것이다. 『서문』의 여기저기에 모스가 일찍이 언어(학)의 중요성을 간파했다는 식의 언급이 나타나는 이유가 이로써 해명된다. 모스를 구조주의의 영광을 보지 못했던 선구자로 내세우면서 레비스트로스는 실상 구조언어학의 모델을 수용하고 있는 것이며, 이 수용은 모스의 연구 관심에서 얼마간 벗어나 있었던 친족과 신화의 영역에서 특히 두드러진 결과를 생산했다.

이 지점에서 분명히 해둬야 할 것은 역자들이 앞서 '인류학적 관찰'이라고 일반화해서 명명한 것이 사실은 구조주의 방법에 입각한 특수한 관찰이라는 점이다. 여기서 관찰은 특정 집단의 구성원인 인류학자가 다른 집단과 그 구성원들을 관찰하는 일로 환원되지 않는다(이는 관찰의 '민족지적 단계'에 불과하다). 구조주의는 동일한 유형의 현상의 관찰된 변이들 전체에 이해 가능성을 부여하는 것을 목표로 하기에, 구조주의자의 작업은 방대한 경험적 사실들을 모아 분석 가능한 수준의 전체를 확보하는 것에서 시작한다. 과도한 형식주의나 관념론이라는 비판이 무색하게 구조주의는 오히려 민족지적 사실들에 대한 거의 광적인 집착에 의해 특징된다. 데스콜라가 설명하듯 구조주의 인류학은 "어떠한 인간적 현상도 그 자체로 의미를 갖지 않는다고, 오직 동일한 본성을 갖는 다른 현상들과 대비될 때에만 그 특징을 드러낸다"고 가정한다.[45] 바로 이 점에서 구조주의 인류학은 특정 사회 또는 문화를 이해의 지평으로 설정하는 인류학의 지배적 흐름에서 이탈한다.

그러므로 레비스트로스의 친족 연구가 겨냥하는 것은 이런저런 집단에 국한된 친족 현상들이 아니라 전지구적으로 관철되는 친족체계의 구조와 그 변이들이다. 레비스트로스는 혼인관계를 중심에 놓고 거기에 친자관계, 남매관계, 외숙-생질관계를 더한 상관적 대립관계들의 구조("친족관계의 원자")를 보편적인 것으로 설정한 후, 상징체계로서의 친족체계를 재생산하는 작동을 집단 간 여자교환(즉 여자를 수단으로 한 커뮤니케이션)으로 식별한다. 레비스트로스가 친족체계의 '기본구조'라고 부르는 것은 바로 이 여자교환의 특정 방식들 — 한정 교환(échange restreint), 일반화된 교환(échange généralisé), 지연된 한정 교환(échange restreint différé) — 에 대응하는 구조의 변이들을 가리키며, 특정 친족 범주(예컨대 모계 교차사촌)를 선호되는 배우자의 범주로 지정하는 이들 기본구조는 긍정적 혼인 규칙 없이 일정 범위의 친족들 간 결합을 금지하는 부정적 규칙에 만족하는 '복합 구조'(우리 사회의 것과 같은)와 대비된다. "전체의 통일

---

45   Ph. Descola, *La composition des mondes*, Paris: Flammarion, 2014, p. 228.

성은 그 각각의 부분들보다 더 실재적"이라는 모스의 원칙은 여기서 전체를 체계로 구성해내는 근본 관계들(즉 구조)을 발견하고, 그 변이들을 통해 체계의 다양한 실현을 설명한다는 기획으로 구체화된다.

아메리카 원주민의 신화에 대한 레비스트로스의 기념비적 연구(4권의 『신화학』 연작과 '작은 신화학'으로 불리기도 하는 또 다른 세 권의 저서) 역시 실로 방대한 사실들을 동원한다. 『신화학』 연작은 열대 남아메리카의 심장부에서 북아메리카의 북부 지역을 아우르는 800여 개 신화를 분석 자료로 삼는데, 그 이유는 물론 구조주의적 관점에서는 하나의 신화를 그 자체로 이해하는 것이 불가능하기 때문이다. 음소나 낱말이 그러하고 또 친족 범주가 그러하듯, 개개의 신화는 체계에 통합된다는 조건하에서만(그리하여 다른 신화들과 연결된다는 조건하에서만) 의미를 갖는다. 따라서 분석은 유사한 주제나 인물, 상황과 관련된 일련의 신화들을 한데 모아 '신화 집단'을 구성하는 것으로 시작되어야 한다. 하나의 집단(예컨대 불의 기원 신화 집단)을 이루는 신화들은 서로서로의 변이형들이며(그래서 레비스트로스는 신화 집단을 "변형 집단[groupe de transformation]"으로 부른다), 신화 집단들도 마찬가지로 상호 변형 관계에 있다. 이처럼 구조주의적 신화 분석은 개별 신화의 '안'(내용)이 아니라 신화들 '사이'(관계)에서 이뤄진다.

한 신화(예컨대 쉐렌테족의 불의 기원 신화)를 다른 신화(보로로족의 물의 기원 신화)와의 관계 속에 놓으면서 의미[46]를 찾아가는 방법을 체계적으로 밀고 나가면서, 레비스트로스는 끊임없이 변형·생성하는 것으로서의 신화체계가 일련의 대립에 기초해 구축되어 있음을 드러낸다. 신화체계의 구조를 이루는 기본적 대립들은 신화의 메시지를 만들어내는 다양한 코드들(감각 코드, 사회적 코드, 기술-경제적 코드, 우주적 코드, 지리적 코드, 미적 코드, 수사학적 코드 등)에 대응한다. 하나의 신화는 건조한/습한, 신선한/부패한, 젖은/마른, 부드러운/단단한, 고요한/소란한, 내혼/외혼, 동맹/갈등, 하늘/땅, 밤/낮, 가까운/먼, 고유한 의미/비유적 의미, 은유/환유와 같은 대립들 중 몇몇을 택해 메시지를 전달하며, 한 신화의 다른 신화로의 변형은 기존의 코드가 다른 어떤 코드로 대체되면서(가령 청각적 대립을 미각·후각·촉각·시각적 대립을 통해 표현할 수 있다) 메시지가

46 보다 엄밀하게 표현하자면, 하나의 신화가 가진 의미는 변형 집단을 이루는 다른 신화들과 맺는 관계 속에서 그것이 차지하는 위치의 함수(fonction)이다. 그런데 체계 내의 모든 신화들은 서로의 변이형이므로, 결국 레비스트로스는 800개 이상의 남북아메리카 신화를 연결시킨 뒤에야 비로소 연구의 출발점에서 참조신화로 채택했던 보로로족 신화 M_1의 의미를 밝힐 수 있게 된다. 어떤 의미에서 남북아메리카에 퍼져 있는 신화는 단 하나일 뿐이라고도 할 수 있으며, 레비스트로스는 이 유일한 신화가 무수한 변형들 속에서 스스로를 전개하는 과정의 법칙을 자신이 "신화의 표준 공식(formule canonique du mythe)"이라고 부른 것 ─ Fx(a) : Fy(b) ≈ Fx(b) : Fa-1(y) ─ 을 통해 정리하기도 한다. 이 공식은 역자들에게도 수수께끼로 남아 있지만, 구조주의 분석의 한 이상(idéal)을 보여주는 것으로서 여기에 언급해 둔다.

유지 또는 전도되는가에 주목하는 방식으로 설명된다. 이렇게 레비스트로스는 남북 아메리카의 신화에 대해 기존의 관점과는 전혀 다른 문제를 제기하며("학자는 진정한 해답을 제시하는 사람이 아니라 진정한 문제를 제기하는 사람이다"[47]), 그 결과 800여 개의 상호 연결된 신화들이 분석 대상으로 앞에 놓인 상황이 우리로 하여금 상상하게 하는 "혼돈 뒤에서 질서라고 할 만한 어떤 것이 드러난다."[48]

어쩌면 레비스트로스가 『서문』을 쓸 당시에는 구상하지조차 않았을 신화 연구를 짧게나마 요약한 이유는 그것이 상징체계의 커뮤니케이션을 연구한다는 『서문』에서 표명된 지향을 탁월하게 실현하기 때문이다. 상징체계로서의 신화는 다양한 코드의 대립들을 구성하고 그 사이의 다중의 상관관계를 실험―등치, 도치, 배치(背馳)와 같은 논리적 절차에 입각해―하는 방식으로, 요컨대 "대립과 상관관계의 변증법"[49]을 통해 작동한다. 신화체계는 차이들 사이에 감지된 논리적 관계를 커뮤니케이션하며, 바로 이 관계가 신화들을 연결한다는 점에서 체계의 커뮤니케이션은 "신화들끼리 서로 사고"한 결과

---

47   C. Lévi-Strauss, *Mythologique I. Le Cruit et le Cuit*, Paris: Plon, 1964, p. 15.

48   같은 책, p. 11.

49   같은 책, p. 16.

라고 말할 수 있다.[50] 레비스트로스는 "인간이 신화 속에서 어떻게 사고하는가"가 아니라 "인간이 모르는 사이에 신화가 인간 속에서 어떻게 스스로에 대해 사고하는가"를 드러낸다.[51] 마찬가지로 『신화학』 역시 신화에 대한 레비스트로스의 사고를 표현하지 않는다. 레비스트로스는 자신을 통해 이뤄지는 신화체계의 커뮤케이션을 커뮤니케이션하며, 이런 점에서 그는 에나프의 근사한 표현처럼 "의미의 전달자"[52]에 머무른다.

*
*   *

상징의 사회적 기원이 아니라 "사회의 상징적 기원(origine)을 규명하는 일"(본문 33쪽)이 요구된다는 진술이 『서문』 전체를 요약한다. 여기서 '기원'은 통시적 과정의 출발점과 공시적 질서의 원인이라는 의미를 아우르는 것으로서, 레비스트로스가 보기에 사회적이라고 부를 수 있는 과정과 질서, 현상은 모두 상징체계를

---

50   같은 책, p. 20.

51   같은 곳.

52   M. Hénaff, *Claude Lévi-Strauss, le passeur de sens*, Paris: Perrin, 2008.

통해서만 출현하고 존재할 수 있다. 『서문』은 "모든 사회적 현상을 언어와 동일시할 수 있다는 모스의 가르침"(본문 80쪽)을 급진적으로 밀고 나가, "언어학에 점점 더 밀접히 결합"하면서 "언젠가 언어학과 함께 방대한 커뮤니케이션 과학을 이룰"(본문 57쪽) 인류학의 미래를 전망한다. 이런 점에서 역자들의 해설은 상징체계의 커뮤니케이션을 대상으로 하는 레비스트로스의 구조인류학(하나의 상징체계)이 어떻게 작동(사고)하는가에 초점을 두었다.

『서문』의 초입에서 레비스트로스는 모스의 "가르침에 어떤 식으로든 빚지지 않은 이가 없다"(본문 10쪽)은 사실을 강조한다. 모스의 가르침에 빚진 이들의 말석에서 『서문』을 번역하고 해설을 작성하면서, 역자들은 『서문』을 읽는 것만으로도 모스와 레비스트로스의 가르침에 이중으로 빚지게 될 우리와 같은 독자들을 상상하곤 했다. 단언컨대 인류학에서 모스를 경유하지 않고 인간의 사회적 삶에 대한 이론적 사유를 전개하는 일은 불가능하다. 어쩌면 모스의 저작은 인류학의 여러 선구자가 남긴 문헌 중에서 여전히 읽히고 있는 유일한 것일지도 모른다. 한국의 사회학자들은 뒤르켐과 부르디외 사이에서 모스를 잊어버리곤 하지만, 적어도 프랑스에서 모스의 저작은 20세기 후반부 인간과학의 여러 분야에서 전개된 지적 사유의 중요한 원천이 되어 왔다. 레비스트로스의 당대성은 더더욱 현저하다. 인류학 내부에서 이뤄지고 있는 이론적 혁신과 '전회'는 여전히 레비스트로스에게 빚진 자들에 의해 (레비스트로스가 모스에게 빚진 것과 같은 비판적 방식으로) 주도되고 있는바, "우리는 레비스트로스의 저작을 재검토하는 일이 인류학자들에게 언제나 불가피하고 유익할 것이라는 데 판돈을 걸 수 있다. 레비스트로스의 저작은 인류학이라는 분과학문 발전의 한 순간을 구성한다기보다 그 미래의 재정의를 위한 가능성들의 저장소이기 때문이다."[53]

2022년 11월~2023년 2월,

전주와 대구에서

---

[53] V. Debaene, "Préface," In C. Lévi-Strauss, *Œuvres*, Paris: Gallimard, 2008, p. XXXI.

찾아보기

주요 인명

고들리에, M. 143

귀르비치, G. 7, 88

나델, S. F. 31

다비, G. 50

데스콜라, P. 138, 148

데이비스, K. 16

뒤르켐, E. 33, 41, 67, 69, 74, 89, 91~95, 101, 104, 107, 123, 154

듀 보이스, C. 16

라캉, J. 29, 88

래드클리프브라운, A. R. 10

레드필드, R. 11

레비브륄, L. 46, 62

레이튼, D. 16

로르샤흐, H. 23

로이드 워너, W. 11

리쾨르, P. 117

말리노프스키, B. K. 10, 11, 50, 51, 56, 57, 110

미드, M. 14, 16, 17, 23

베네딕트, R. P. 14, 16, 21~23

보아스, F. 50

비달, D. 137

스완턴, J. R. 50

야콥슨, R. 54, 55, 147

에릭슨, E. 16

에번스프리처드, E. 10, 11

엘킨, A. P. 11

융, C. 49, 62

캐넌, W. B. 13

콩트, A. 83

클럭혼, C. 11, 16

테스타, A. 137

트루베츠코이, N. 54, 55, 147

프로이트, S. 82, 117

허스코비츠, M. J. 11

헨리, J. 16

헬드, G. J. 12

주요 개념어

가장 내밀한 주관성 116, 122

결합 변이음 55

계사 65, 66

관계 논리학 65

관여(신비적 관여) 62, 63

관찰자와 관찰 대상 41, 108, 110

교환 59, 60, 62, 75, 76, 124~127, 136~139, 144~146

구조언어학 47, 54, 87, 119, 147, 148

구조주의 87~89, 91, 120, 147~151
구조주의 선언문 88; 구조주의 인류학 88, 148, 149,

그거/거시기 72, 132, 140

기의/기표 50, 73, 77, 79~81, 120, 147~151

기호 논리학 82

노붐 오르가눔 59

동류화 71

로르샤흐 테스트 23

마나 47, 50, 65~70, 72~76, 78, 80, 81, 131~134, 140~142

마니투 65, 70, 71

모더니즘 13, 96
모더니티 89, 97

몸 테크닉 17, 20

무의식 39, 46~49, 62, 63, 66, 72, 76, 92, 96, 115, 117~122, 132, 135

무의식적 범주 47; 집합적 사유의 범주 47

문화인류학 44

민족지학(자) 9, 15, 26, 42, 44, 45, 64, 67, 75, 79, 80, 111~114

민족학(자) 9, 14, 15, 17, 18, 21~23, 32~34, 41, 48, 51, 56, 58, 61, 66, 83, 96, 110, 113, 115, 116, 118, 119, 123

범주 논리학 82

부유하는 기표 80, 131, 134, 140

비지성주의적 심리학 46, 82

사회과학의 점진적 수학화 57

사회인류학 44, 57, 87, 116

사회적-심리적-생리적인 것 98, 104, 107

상징(체계)의 사회적 기원 93, 153

상징적 관계의 세계 21, 106

상징적 모공 98

상징적 사고 76, 77, 79, 80, 96, 115, 120, 121, 126, 128, 132, 134

상징체계 21, 24, 28, 33, 40, 49, 77, 79, 89, 91, 92, 94~106, 108, 119~122, 126~129, 131~136, 140, 144~146, 149, 152~154

샤머니즘 30~32, 102

샤먼 25, 31, 68, 99, 100, 102

성스러움에 대한 감정 이론 93

심리학주의 120, 121

아타수 71

애니미즘 62, 71

오렌다/와칸 65, 67, 70, 80

음소 연쇄의 항 55, 81

의미론적 기능 80, 133, 134

인류학적 관찰 110, 118, 134, 147, 148

임의적 변이음 55

전논리적 사고 46, 47

정신병리학 21, 23, 24, 27, 31~33

정신분석학 15, 22, 48, 96

정신질환(자) 27, 32, 97, 100, 101

제로 상징가 81, 133, 134, 140, 141

주관적 객관성 109

주술 이론 65, 131

주술사 25, 26, 30, 65, 101, 142

중화 55

집단심리학 92, 122

집합에 속하는 항 81

집합표상 92

착각의 희생양 45, 111

총체적 인간 122

총체적인 사회적 사실 37, 38, 40, 104,
    106, 107, 109, 122

커뮤니케이션 48, 57, 76, 118~120,
    126~128, 134, 136, 144~146,

152~154

타옹가 142, 143

토템 93

포틀래치 50

하우 61~65, 75, 76, 125, 131, 132,
    134, 135, 140, 142~145

호혜성 51, 57, 123, 124, 129, 130,
    137~140, 146

주요 저작명

「몸 테크닉」14, 19, 35, 97, 98
『문화의 패턴』14, 16, 22
「사람의 개념」35, 56
『사회학과 인류학』7, 21, 56, 83, 87, 88
「상징적 효력」99
『서태평양의 항해자들』10, 50
『신화학』87, 121, 150, 153
「심리학과 사회학의 실질적이고 실천적인 관계」20, 33, 35, 97, 98
「역사 앞의 인류학」116
『오늘날의 토테미즘』93
「요리의 삼각형」147
『자살론』67
『종교생활의 기본형태』67, 93
「주술사와 주술」101
「주술의 일반이론 개요」61, 64~66, 82, 140, 142
『증여론』35~37, 50, 51, 55, 56, 59, 61, 64, 66, 75, 82, 123~125, 131, 136, 138, 142~144
『증여의 수수께끼』143
「집단이 암시한 죽음의 관념이 개인에게 미치는 신체적 효과」13, 35, 97, 98

『친족관계의 기본 구조』87, 130
「프랑스 사회학」91